Teaching Outside the Box:
How to Grab Your Students By Their Brains

跳出教育的盒子

卢安·约翰逊 著
LouAnne Johnson

中国青年出版社
CHINA YOUTH PRESS
中青文传媒

图书在版编目(CIP)数据

跳出教育的盒子 /（美）卢安·约翰逊著；薛妍，铮铮译. —2版.
—北京：中国青年出版社，2016.8
书名原文：Teaching Outside the Box: How to Grab Your Students by Their Brains
ISBN 978-7-5153-4467-6
Ⅰ.①跳… Ⅱ.①卢… ②薛… ③铮… Ⅲ.①教师—师资培养 Ⅳ.①G451.6
中国版本图书馆CIP数据核字（2016）第220288号

跳出教育的盒子

作　　者：〔美〕卢安·约翰逊
译　　者：薛　妍　铮　铮
责任编辑：周　红
美术编辑：李　甦
出　　版：中国青年出版社
发　　行：北京中青文文化传媒有限公司
电　　话：010-65516873/65518035
公司网址：www.cyb.com.cn
购书网址：zqwts.tmall.com　www.diyijie.com
印　　刷：大厂回族自治县益利印刷有限公司
版　　次：2016年8月第2版
印　　次：2019年1月第3次印刷
开　　本：787×1092　1/16
字　　数：195千字
印　　张：19
京权图字：01-2009-4464
书　　号：ISBN 978-7-5153-4467-6
定　　价：35.00元

目 录
Contents

前 言 / 009

第1章 一封公开信——写给亲爱的老师 / 017

第2章 你是当老师的料吗 / 021

一、卓越，出色，还是优秀 025

二、开始教学之前先让自己获得一些额外认证 029

三、不能教课的人也可以做到 031

四、教学到底关乎什么 032

第3章 老师也要做功课 / 035

一、选择你的角色 038

二、穿着合适的服装 041

三、最初几周坚持采用一种教学方式 042

四、控制课堂而非控制学生 045

五、为学生上课如厕做出计划 047

六、你的可选议项是什么 049

七、正视你的偏见 052

八、尊重自我 057

九、分数：按比例？按曲线？扔硬币吧 061

十、教完课程不是教学 064

十一、孩子眼中没有无心之语 067

第4章　老师的三个首要准则是：准备，准备，再准备 / 071

一、准备教室 073

二、准备材料 091

三、做好心理准备 104

第5章　以微笑开启教学 / 115

一、用微笑迎接开学第一天 117

二、开启学生的大脑 122

三、消除“老师VS学生”的对立状态 124

四、教给学生上课发言的程序 129

五、做好准备，应对“测试老师” 130

六、纪律危机急救计划 131

七、第一周的其他几天 133

八、表达感激 152

九、一周过去了，还好吧 152

第6章 积极的纪律技巧是保证课堂秩序的关键 / 155

一、确立你的理念 157

二、以其人之道还治其人之身真的可能 159

三、牛仔哲学 160

四、规定与步骤 162

五、建立规定的原则 164

六、识别欺凌者和被排挤者 166

七、有效管理的12个指导方针 167

八、改善纪律的12个步骤 174

九、如果必须让学生留校，那一定要有意义 183

十、做好记录 184

十一、咨询专家，但要遵从自己的心声 184

十二、教师崩溃紧急预案 185

第7章 解决学生阅读问题的9个方法 / 191

一、缺乏人性化的阅读指导，将抑制学生的学习兴趣 192

二、儿童有自然的兴趣时，学习阅读的效果最好 193

三、讨厌读书的孩子是教出来的 194

四、第一次阅读经历往往影响自我认知 195

五、找出问题所在 196

六、针对厌读学生的8个建议 198

七、如何教不爱阅读的学生读莎士比亚 206

八、用歌词、图画来引导诗歌阅读 212

九、提供激发兴趣的阅读材料 215

第8章　激励学生的12个金牌策略 / 217

一、让学生相信成功是可以的 219

二、调整态度 220

三、改变学生对自我的负面评判 224

四、寻找表扬的合适机会 225

五、传递给家长和监护人积极信息 226

六、做你自己的小白鼠 227

七、要求学生定期反馈 229

八、提供定期进步报告 232

九、增加一些右脑活动 237

十、犯错是可以接受的 240

十一、利用私人日记作为工具 242

十二、引导学生形成自己的价值观和道德观 243

第9章　对一线老师课堂问题的解答 / 247

一、问题学生 248

二、学生的评价 250

三、课堂管理 252

四、教学方法 256

五、与家长的沟通 261

六、心理咨询 263

七、情绪管理 267

第10章 对学生提出问题的解答 / 269

一、成长的烦恼 270

二、同伴关系 275

三、与父母的关系 278

四、学校的问题 282

五、欺凌事件 283

六、我写给学生的信 284

第11章 致20年后的你 / 287

致 谢 / 297

前言
Foreword

每次我写完一本书，面对着写前言的任务时，童年的情景就会浮现眼前。“不要总给自己吹牛，”奶奶曾经这样告诫我，“别人会以为你自骄自大。”

说实话，我并不觉得我有多傲慢。我知道我不是世界上最好的老师。这个国家里有千千万万的教师和我一样从事教学工作，但他们没有时间或精力晚上回到家从事写作。尽管我不是世界上最好的老师，我仍是名优秀的教师，而且我也知道我的教学方法是有效果的。简而言之，我的哲学就是：

> 当学生认为可能获得成功的时候，他们就会去尝试。
>
> 所以在任何课堂上，我首要的任务就是帮助我的学生相信自己，相信他们的学习能力。

在过去的二十五年里，我曾教过成年英语学习者、大学高年级学生、高中阅读补习者、荣誉学位大学的大一新生、参加美国大学预修课程学习的高三学生、发展性阅读者、达到一般教育程度者，最近还教过备选资格教育（alternative-licensure education）学生，他们觉得自己步入而立、不惑甚至知天命之年真正想要做的依然是在学校教书。我在世界上许多地方开办过百余场主题演讲和研习班。这使我有机会遇到成千上万富有天赋的教师。我也做了大量笔记和记录。在这二十五年里，我还花费不少时间去提问，阅读关于脑基础教学等的相关研究，借助e-mail与同行及学生进行通信联系，观察老教师的教学实践，与其他教师分享最佳和最差的实践经验，为那些就课堂管理向我提问的教师新手提供建议。同时，努力筹划将所有这些有益经验融入这一本书中。

第一章是我写给所有老师的一封信，感谢他们为教育事业所做的贡献。平时对这些老师表达感谢之情的机会并不多。接下来，我问自己，如果我可以和一位新教师坐下来畅谈几小时，分享曾经作为新教师的我在开启教学生涯前希望了解的所有事，这场谈话会如何进行呢？这场富于想象力的谈话构成了本书前六章的内容。

借由读者给予我的反馈来判断，一些教师前辈也对一些章节乐在其中——一些章节勾起了他们对自己曾有过的近乎天真的乐观主义态度的回忆和感念，一些章节的技巧或方略令他们觉得超级实用。第七章到第十章包含了一些教学策略的集锦。这些策略有些是我发明的，有些是我借鉴他人的，还有些是对我的经验教训、观察体悟、谈话沟通、调查研究的归纳总结。这里没有石破天惊的新发现，这里只有一些令你眼前一亮的建议和忠告。中间部分的这几个章节首要的目的是好似奉上一桌配菜大餐，任由教师们从中挑选，满足自己和学生的偏好及口味。

第十一章提供给读者一个积极正面的视角，去发现我们的职业所给予我们的要远大于教师之间口耳相传坏消息的价值和意义。

这个视角让我直到现在都坚持记笔记。我该为我的新工作买新笔记本了。我确信在我课堂上出现的新教师会教给我很多。

一次我收到一封电子邮件，询问我是否可以在我的书中为小学教师们提供更多的教学建议。在《跳出教育的盒子》的这个新版本里我尽量满足了这个要求，但我不得不承认，在这一领域我的贡献和体悟依然有限。我曾应一些家长的要求，为他们的小孩子做家庭教师，辅导他们的功课，而且卓有成效。在幼教或小教方面我没有经过什么培训，仅仅是养育过四个继子女几年。但我笃信，绝大多数成功的教学策略都可以加以调整适用于无论是年龄还是能力跨度都较大的学生。

人和人都差不多，学生也一样。不论处在什么年龄，几乎所有的学生都有同样的顾虑：我能学会这份材料吗？老师会喜欢我吗？我会喜欢老师吗？我的同学们会喜欢我吗？而且不论我们教授什么主题，或者我们的学生处于什么年龄段，绝大多数有效的教学策略经过调整都适用于我们的学生。

这里有一个例子，是我将应用于二年级学生的活动，经过一些改动，应用于65岁上下的老年学生的故事。

当我为我教的某个课程做准备时，我看了一段视频。视频中一位老师在她的小学课堂上发明了一个“朋友圈”。她让六个孩子围坐一圈，讨论那一天看到的彼此在学校做的所有好事。这个练习的目的是改变孩子们对他们的同学——马特的看法。马特看上去总是麻烦不断。老师相信，如果每个人，包括马特自己，都认为马特是个麻烦制造者，那么他将无法摆脱这个标签。当其他孩子表扬马特乖乖坐在椅子上，没有攻击别人，认真听课，他都会面露喜色。而且，正如这位教师所希望的，马特开始重复那些积极的行为。她不再认为他是个麻烦制造者，他的同学也转变了对马特的看法。

当我观看那段视频时，我意识到自己在想："马特让我想起了乔。"乔是我教的一个班级里年纪最大的学生，而且从他上课举手时同学的叹气和翻白眼可以看出，也是最不受欢迎的学生。乔的讲话常常离题万里，而且他的同学对此越不耐烦，他跑题得越厉害。没有人愿意在小组活动时和乔坐在一起。最后我发现，当乔的手臂在空中挥舞，我也会不由自主地叹气。

我认识到，如果我允许自己显露出失去耐心，那等于心照不宣地鼓励了乔的同学去厌恶和轻视他。于是我开始寻找乔为班级做的点滴贡献，决心在感谢其他同学前先感谢他。我挪走了教室里多余的椅子，这样当学生们分组时就不会把乔排除在外。而且，我也坐到乔那一组，帮他融入晚上的小组活动。不久，我注意到，几位同学在课间休息时和乔聊了起来，畅谈彼此在公立学校的最新见闻。尽管我还不能称乔和同学的关系为友情，但他们确实不再排挤他了。而且，最重要的是，我不再认为他的提问是对我课堂的打断，我也同样转变了对他的态度。令人惊奇的是，当每个人开始表现的更关心乔的发言，乔似乎不再滔滔不绝。或者可能当人们不再忽视乔，他就感到没有必要去引起关注了。

作为教师我要学的还很多。每班学生都会让我学到很多。这些教训也许并不真的新奇，但可能有其中一个对我而言是陌生的，又或者它提醒了我之前曾有的习得，但因为没有和个人经验联系起来而领悟不深。

本书的题目“跳出教育的盒子”，并不是暗示书中包含许多全新或独特的教学策略——当涉及教学时没有什么是真正新奇的。创造一个独特不凡的方法去教授某些东西，随后不知什么时候你就会发现某个人早就用过这个方法了。柏拉图，有可能，或者是蒙台梭利。我使用这个书名是想鼓励教师们跳出对于教学普遍定义的那个盒子，在那个盒子里教师们将重心放在转变学生行为迎合教师期望上，而不是改变我们自身的行为去唤起学生不一样的回应。

例如，在许多学校，嚼口香糖是一个顽疾。（抱歉，我也有这个毛病。）孩子喜欢嚼口香糖。上百万的学生每天因为嚼口香糖被威胁、警告和惩罚，甚至即使他们并没有将口香糖粘在椅子下面或课本里。只要你继续努力阻止孩子们嚼口香糖，这就是一个没完没了的战斗。当校园环境维护人员每天抱怨花太多时间试图清除地板上、桌椅下面变干的口香糖，一位行事有方的校长跳出教育的盒子，决定既然在所有时间管控所有学生不去嚼口香糖是不可能的，那就让学校不再成为口香糖禁区。取而代之的是，他的整个教学团队教他们的学生如何礼貌地嚼口香糖，并且妥善地丢弃。结果呢？校园维护人员不再抱怨了。地板上、椅子上不再有黏住的口香糖。学生们开开心心。

这就是我所说的跳出教育的盒子的意思。转变我们关注的焦点，这样就可以使我们用不同的视角看待我们自己和我们的学生，改变我们自己而不是一味改变我们的学生。对于那些行为不端的学生，让他们将包含积极内容的便笺带回家转交给他们的家长，而不是一味让他们传递坏消息。此外，你可以这样说：“我真的欣赏你，如果你完成我布置的这份作业我会很高兴，因为我想帮你学会这项新技能。”而不是说：“如果你不做这份作业，你会后悔的，巴斯特。”当学生们明显精力过盛而不能保持安静集中注意力，让他们站起来，像虫子一样扭动，而不是要求他们坐好，双手叠放在两膝中间。要求班上的每个人犯一个错误而不是苛求完美。摒弃持续聚焦考试分数的做法，宣布每月第三周为免试周。如此等等。

《跳出教育的盒子》这本书并不过多论及授课的细节，它聚焦我所认为的对任何课堂来说关键的因素：师生间的联系。这本书的目的是帮助您的教学妙趣横生，令师生更加愉悦地享受其中。看到那么多垂头丧气的老师，他们真的很关心自己的学生，但是却无法靠近学生的内心，对此我真的很伤感，就像看到那么多孩子讨厌学校一样让我伤感。

而当接到像劳拉·豪瑟这样的来信后，我又会欢欣雀跃。她曾给我写过一封电子邮件，说她接替另外一个老师，教了一个“问题”学生的班级，向我寻求建议。

约翰逊女士：

我第三周的教学已经结束了。我教的是125名补习学生。其他老师告诉我那些学生不会来上课。即使来了，他们要么睡觉，要么扰乱课堂；他们不会做家庭作业，不在乎自己是否及格，我会不得不时常将大多数人赶出教室。

我把你的许多建议都记在心中。第一天我走进教室，告诉他们我会保证他们将拥有最快乐的一学年。我问是否有人对此感兴趣，他们都承认是。我说我只要求他们做三件事，其他的由我来做：他们必须每天来上课；他们必须带着能够并且愿意学习的态度；他们必须尝试。我讲了爱迪生发明灯泡尝试了一万次的故事，告诉他们我只要求每个人尝试三四次。我问他们有多少人曾经被别人说自己傻或者不会做算术题，每个人的手都抬了起来。我告诉他们这不是真的，只不过是没有人用他们能够理解的方式去教数学。我告诉他们在课堂上我无法容忍三个字——“我不行”——因为他们都能行，全班同学没有一个愚笨。

三周后我的学生都按时上课，为数不多的几个一开始逃课的也不再逃课了，而且周五没有一个人逃课，因为那是曲奇日。他们每天都会做要求他们思考的逻辑题，现在他们主动要求做更多的题。他们都做家庭作业，如果分数很低，他们会要求拿回去改，然后再交回来。我告诉他们我只在乎他们是否学到了知识，如果有人愿意再做一次作业或者测验，我很乐意再给他们批改打分。在纪管人员面前我总是放他们一马，但是我说话的时候他们会停下来仔细听。如果我把某个人带到教室外面，让其他人安静，他们会照做。我大笑，学生们也会捧腹不止。学生都说这是第一次有一个真心在乎他们的数学老师，让他们觉得自己能够成功。下午要接受工作培训的学生也会来上数学课，而不是选择离开，而且每堂课都上——有些人一天会上三节课。

我对你的感激无以言表。如果我听从了其他老师的建议而不是你的，我整个学年都惨了。这一年比我想象的收获更大！

我知道你忙着写书，但我想你也一定愿意知道我现在多么开心！

劳拉·豪瑟

2004年8月31日

我最诚挚的希望就是这本书能帮助更多的老师找到自己的教学理念，开发自己维持学生纪律的积极策略，像劳拉·豪瑟一样感受教学的快乐。

我确信教孩子是最神圣的职业。是的，有时工资低得让人觉得是一种耻辱，工作环境有时候恶劣得吓人，但我们教学不是为了金钱，我们教学是为了爱。

Chapter 1

Dear teacher: An Open Letter

第 1 章

一封公开信
——写给亲爱的老师

亲爱的老师：

谢谢你！

谢谢你成为一名教师。

还要谢谢你们选择教师这个职业，耗费自己的时间和才华教书育人。尽管职业选择何其多，它们中的绝大多数会付更高的薪水，会提供更舒适的工作条件，会让你得到社会公众更多的尊重和爱戴，你依然选择成为一名教师，衷心地感谢你！

感谢你接受又一个考试去证明你的实力，尽管你已经完成了五年甚至更久的大学教育，以及价值百万薪水的标准化测试。

感谢你们继续教授高层次思维技能和高等学术，尽管在课程要求之外的考试一个接一个，以至于没有额外时间安排授课实践。

感谢你们每天早上四五点钟起床，去仅靠灯光照明的简陋房间、无窗的议事室，或破旧不堪的拖车式活动房屋上班，感谢你们积极应对空调或采暖设备的故障或缺位。

感谢你在缺少陈设的教师休息室坐在一把折叠椅上吃包裹在纸袋里呼之欲出的午餐，在这间休息室里咖啡机是一种款待，没出故障的微波炉是一种奢侈。

感谢你们花费所谓自己的时间批改试卷，制定课程计划，参加职业发展会议、委员会会议、重组会议、家长会、学校董事会会议，以及继续教育课程。

感谢你免费加班无数个小时，只是因为这是干好工作的唯一方法，而且你不允许自己有丝毫懈怠。

感谢你没有不断提醒人们，如果为你的加班争取到报酬，你明天就可以退休，不用再工作了。

感谢你不断给予那些不知所措的孩子以尊重，即使他们没有意识到你给予他们的这份尊重是多么珍贵的礼物。

感谢你关心那些家长不懂得关心或家长不知怎样表达关心的孩子。

感谢你用自己的钱买来笔、铅笔、橡皮、粉笔、纸、纸巾、绷带、生日礼物、线、衣服、鞋子、眼镜——和其他一百种你的学生们需要却没有的物件。

感谢你夜里辗转反侧担心一个奋力挣扎于人生困境的学生，思忖你还可以为他／她做些什么去帮其克服前路的阻碍。

感谢你“突袭”自己孩子的衣橱，为缺少衣物的孩子找一双鞋或一件毛衣。

感谢你为了和陷入困扰的学生及其家长会面而让自己的家人苦等。

感谢你相信教育改变人生的力量。

感谢你坚定信念，相信只要我们学会怎样去教，所有的学生都能学会。

感谢你忍受疼痛的后背、受损的膝盖、疲惫的双腿、酸胀的双脚，这些与教师职业相伴相生的病痛。

谢谢你！

感谢你给那些陷入绝望的孩子足够的希望去继续与贫穷、偏见、毒品、酗酒、饥饿、冷漠的抗争。这些困难已经成为了许多脆弱而又年轻生命的家常便饭。

感谢你冒着丢掉工作的风险去给一个孩子渴望的拥抱。

感谢你在一位家长列出种种原因证明你要因为自己的无能为他/她那不守纪律、受到溺爱、应受谴责的孩子的行为不端负责时，咬紧牙关隐忍坚强。

感谢你承担起教师这份工作。它是世界上最艰难、最富挑战性、最令人沮丧、最耗费情感、最损耗精力、最令人满足、最美妙精彩、最重要、最可宝贵的工作之一。

感谢你做一名教师。

你是真正的无名英雄。

请允许我献上我的尊敬和感激。

卢安·约翰逊

Chapter 2

Are You Teacher Material

第 2 章

你是当老师的料吗

“我怎么才能知道自己到底是不是当老师的料？”一位即将当教师的人写电子邮件问我，“我能通过学习成为一个好老师吗？还是这需要天分？”她告诉我她刚放弃了一个高薪的广告职位，为的就是追求自己当老师的梦想。

她在邮件中写道：“我知道自己当老师赚的钱会少得多，我已经接受了这个现实。可我不知道如果我获得了学位，也找到了工作，却开始讨厌起教书，那该怎么办？如果我发现自己就是无法胜任这个工作该怎么办？我有种感觉，真去当老师和我以前上学时兼职讲课或者观摩有经验的老师上课会很不同。我想请教您的是：您有没有什么好的建议可以帮我做出正确决定——我是否要当老师？”

“教还是不教？”这是一个困扰着很多人的问题。我们见过许多才华横溢、精力旺盛的人花上5年甚至更长时间去获得学士学位和教师资格证，但在课堂上只教了一两年就放弃了。对教师职业浅尝辄止的原因有很多，但抱怨最多的通常是：学生调皮捣蛋，对老师不敬；管理人员对教师的事漠不关心；办公桌上要处理的作业总是堆得老高老高；午餐室政治；来自家长的压力和纠缠让人喘不过气来，还有精神和情感上的疲惫感时不时会冒出来……

这些抱怨并非无病呻吟。我得说我和一些优秀的管理者共过事，他们的支持使我成为更好的老师。但即使得到鼎力支持，教书仍是一项要求很高、难度很大的工作。如今的孩子要面对一系列情感、精神和身体上的挑战，这些东西无不影响着他们的言行举止和学习能力。然而很不幸的是，许多在孩子们生活中充当榜样角色的人都事实上在鼓励他们不尊重自己、不尊重他人。

和孩子打交道需要大量的耐心和策略，或者你很有幽默感的话也会大有帮助。政府规定的各种测试制度和责任考核就像一个大怪物一样，消耗着大量的人力、物力和财力，而教师必须完成喂养这只怪物的任务。这只变化无常的怪物，时常会搅乱你的原计划，所以教师这个职业会让你的灵活度发挥到极致。因为如果你不适应的话，就一定会被淘汰。你应该知道教师的工资水平低得有点骇人听闻，主要是因为教育界之外的人往往会认为教学工作不过是让老师拿本书看孩子罢了。所以，如果财富和地位对于你来说很重要，那么当老师这份工作肯定会让你失望。而且教学也会给身体带来很多痛苦：连续几个小时地站着，弯着腰看小桌子上写的小字；拉着好几箱子书来回奔波，等最后到家时，已经是腰酸腿疼、眼冒金星了。

然后就是学生这方面。如果你打算在学校里教书，最好是真的喜欢孩子。也许这么说很滑稽，但是很多人都忽略了这个显而易见的事实。在员工餐厅的午饭时间，至少有几个人（大部分的餐厅都有许多这样的人）在互相吐槽。他们在休息时间和午饭时间密谋对付这些“敌人”，共同分享报复的策略，互相抚慰伤口，展示自己“作战”后留下的伤疤。这些人不一定是坏人，但都是长大后马上就把自己童年给忘了的人。就像有些人一直有着养狗的想法，梦想一只狗可以给予自己无条件的爱，但他们却忘了小狗会在地毯上撒尿、会在浴室的垫子上呕吐、会咬你的拖鞋以及在草地上大便等等诸如此类的事情。一些将要成为老师的人总是憧憬着自己站在安静有序的课堂上，面对着一群沉默不语、可爱顺从的学生，他们个个都有着天使般的小脸蛋。如果哪天发现那些天使的脸蛋背后却是一个个吵闹邋遢，偶尔举止粗鲁、自私倔强的小坏蛋时，那些老师一定会受到巨大打击。有些人受创后未能复原，于是变成了尖酸刻薄、毫无幽默感可言，而且过分严厉的老师，他们为了让现实符合自己不切实际的幻想，一生都在教室里让自己和学生们痛苦不堪。好吧，这就是当老师的缺点。如果你还在读这本书，觉得自己可能仍旧想当老师，那么你肯定是一个执著而乐观的人——这是对当老师最有帮助的两个特质。充满希望是对的，因为当老师的长处要远远胜过它的短处，而且要比短处重要得多。

教师是世界上最棒的职业。作为一名教师，通过帮助年轻人获得知识和技能，你就是在为我们国家和世界的未来做出直接而切实的贡献。你知道自己一生都有光荣的追求，你的生活是有目标的。教学会为你的成长带来无数的挑战和机遇，每一天教学都会检验你与他人沟通的能力、你的学术知识或者是你的领导才能。如果哪天你幸运的话，你会同时接受这三方面的测试，并且全部通过。作为教师，你有机会去分享和年轻人一起学习的热情。如果你是一名优秀教师，你也会鼓舞、激励、挑战那些年轻人去提高他们的个人实力和才能。当他们之中有一个人（通常不止一个）

意识到你为他们付出了很多，于是走回教室给你一个拥抱，并且含着泪向你道谢时，你会感到无比快乐，甚至也会流下幸福的泪水。回到家后，你会和家人朋友分享那位学生对你的感谢，他们也会为此感动不已。那天晚上你上床睡觉时想的最后一件事是“我做了件好事，我成功地帮助一个学生成长了。”然后，你会做一个香甜的美梦。

一、卓越，出色，还是优秀

对老师一般有三种评价——卓越、出色或者优秀。（当然，也有普通水平的老师，以及令人伤感的，可怕的老师。但差劲的教学是不被接受或允许的，所以这样的实践不在我们讨论的范围之内。）你要根据你的个人能力、和学生的亲密关系、职业目标和你优先考虑的事决定打算成为哪种老师。在当老师之前认真想想，你在家庭之外有多少时间和情感能投入到工作上，长远地思考自己的生活、与他人的关系、经济和感情方面要承担的责任以及你个人的目标和职业目标。如果你觉得无法客观看待自己的生活，那么和朋友或亲人讨论一下你的情况，也许会让你有更客观的认识。比如说，如果你的姐妹说你喜欢昂贵的衣服，你的丈夫提醒你在压力大的时候会缺乏耐心、吹毛求疵，那你就要斟酌一下自己是否愿意减少衣橱里的衣服，是否愿意去培养更多的耐心来从事教学这个艰巨的工作。

确定什么对你来说是重要的以及生活的哪方面应该优先考虑。如果用自己的业余时间来制订课程计划或者辅导学生，你的孩子、父母、配偶或伴侣是否会感到被忽视了？白天需要保留多少感情精力才能在晚上的时候给予家人足够多的关心？如果学生遇到了私人问题，你愿意给他们建议吗？还是宁愿把这些事交给他们的父母或监护人处理？

对这些问题的回答并没有对错之分，但如果你在当老师之前就知道答案，那么你一旦真正从事教学工作，便会更开心，而且更能取得成功。不是每个人都可以或者理应成为卓越老师，做一个出色的或优秀的老师也是完全可以接受的（但差老师永远都是不可以接受的）。

卓越老师需要投入的最多，身体、情感和精神上的都有。卓越老师一般很早就到学校，却很晚离开。他们会积极参加各种研讨会和继续教育课程，还会主动参与学生的活动，并乐于帮助那些不管是课内还是课外都需要更多帮助的学生。因为他们和自己的学生交往密切，所以不需要在课堂纪律上花费太多时间和精力。相反，由于存在付出与给予、潮起潮落，教学等效于让许多运动员上瘾的跑步的愉悦。不幸的是，除非他们是体力超常的人，或者除非他们付出努力定期保养自己，使自己变得年轻，否则卓越教师可能会发现自己有点灯熬油、耗尽心力的危险。

卓越老师需要做出大量身体和精神方面的努力。而且根据你的预算，你也可能在金钱上破费。如果你单身，没有孩子，无所牵挂，你在一段时间内会选择投入大量精力到教学上。但是如果你是母亲，有孩子，你可能不愿意或者无法付出卓越老师所需要的那些情感精力。有孩子并不意味着你成为卓越老师的可能性是零，但是你需要确保家人理解并支持你的教学工作。如果你的孩子适应力强，善于自我激励，尊重你和你的丈夫，如果你的丈夫支持你的事业目标，如果你精力充沛，那么，你就有可能处理好作为卓越老师所需承担的压力。但如果你无法做到卓越那也不必沮丧，做一名出色或优秀的老师也是一种真正的成就。

出色的老师喜欢自己的工作，但他们会限定自己在教学上付出的时间和精力。他们在乎自己的学生，会尽力去帮助他们——但不能以牺牲自己的家庭为代价。出色的老师也要加班，因为当老师就是需要做一些无偿的工作（比如批改卷子、备课、管理学生学习等），但是出色的老师限定了自己愿意加班的时间。

出色的老师需要消耗的精力比卓越老师会少一些，但是如果你没处理好，做一名出色的老师也会让你疲惫不堪——你得花时间去呵护自己和家人的关系，你必须不止一次地跟家人和朋友解释，你的工作是第一要务，你需要在晚上和周末花些时间去提高你的授课水平和技能。再强调一次，如果你不像自己想象中的那样可以同时处理那么多教学问题的话，就不要太为难自己，特别是在刚刚当上老师的几年里。掌握有效教学的基本要素是一项重要的成就，在那些优秀任课教师的课堂上，同样会产生出类拔萃的学生。

优秀的老师工作做得好，但也知道自己的局限所在。他们把职业时间和个人时间分得很清楚。他们尊重自己的学生，尽力确保所有学生都能掌握下一个教育阶段所需要学习的内容，但他们并不觉得自己有责任拯救每一个学生。优秀的老师每天早早赶到学校做好充分的准备，但是不会在上班前或午休时也向学生敞开大门。他们不会在放学后与学生闲谈或者上辅导课。晚上就与自己的课堂彻底绝缘，把注意力全部转移到了自己的生活中，接受教育、沉迷爱好、与朋友和家人共处。他们把自己的私人生活和职业生活明确区分开来，对自己的感情和精力有所保留。因此，他们经常会享受漫长而成功的教学生涯，他们会伤心地与那些卓越和出色的老师挥手告别，因为后两者高估了自己的个人资源，经过若干年的高速教学后燃尽了自己的心力。

有时，教师们承认，他们为缺少成为卓越教师所需要的能量或天赋而感到些许内疚。我可以十分真诚地告诉他们：每天做个优秀的老师没什么丢人的。并不是每个人都可以成为摇滚巨星，也并非每个人都需要如此。这个世界需要各种各样的人——那些为干好工作而满足，养育有益别人的下一代，关心邻居，为社区做贡献的人，以及那些迫不得已去发明创造或追名逐利的人。并不是每个老师都希望或需要成为杰米·埃斯卡兰特①或埃斯梅·科德尔②。而且成百上千万的美国学生每天都师从并喜爱这些普通的老师。我可能有些偏爱，但我仍相信每个每天在平凡的工作岗位上将工作做到优秀的老师都是英雄。（我相信这个国家几百万学生也会这么认为。）

不管你选择哪一种——卓越、出色或者优秀的老师，你都是在为社会做贡献，都是在帮助构建我们国家的未来，从事的也都是高尚而且必要的工作。除了你自己、你的学生和一些管理者，没有人知道你到底为工作付出了多少精力。但我们当老师不是为了得到公众的认可或奖赏以及所谓的声望，我们教书是因为觉得

① 电影《为人师表》的人物原型，生于玻利维亚的美国数学教师——译者注

② 《Educating Esme-Diary of a Teacher's First Year》、《Sahara Special》作者——译者注

这项工作很重要。教学工作就像是一个人在黑暗里跑马拉松，几乎没有人注意到你在做什么，即便有人注意到了他们也不会怎么在意。但是他们的视而不见并不会让你慢下前进的脚步，你仍然会因为自己完成了这个比赛而感到兴奋不已、满意十足。毫无疑问，你绝对是一个胜利者！

二、开始教学之前先让自己获得一些额外认证

假设你有很强烈的欲望去帮助别人，你对自己的课程充满热情，并且教育基础牢固扎实，还获得了一家社会认可的教师培训机构的相关资格证。那么，具备热情、动力、教育和培训这些东西就足够了吗？我的回答肯定而响亮："不够！"这些因素可以作为出色的基础，但教学工作需要的不仅是你要懂得所教的知识并怀揣着对教学的渴望，你还必须很好地掌握激励学生的技巧，要有领导他们的魄力和解决矛盾的能力，以及有关人类心理学（包括儿童、青少年和成人）和计算机方面的知识，要能把一大堆乱七八糟的文件整理成简明扼要、可以用来教学的课程安排，以及拥有迅速应对别人提出的刁钻或意外问题的能力，或者站着思考的能力（一双合脚舒适的鞋会有帮助）。

有一些教师培训项目包含了以上一些方面的精彩课程内容，但是根据我接到的电子邮件和信件，以及我和全国各地教师进行的交谈，我知道大量的教师培训课程都重理论、轻实践，可如果你想有效地进行教学，那么必须掌握相关的实践技能和方法。懂得如何设计活页练习题、课程计划以及安排考试都是重要的技能。绘制吸引人的宣传栏，组织各种艺术课程以及团体活动可以把一

个成绩落后、死气沉沉的课堂变成让学生学得兴致盎然、活力十足的乐园。但如果没有掌握人类心理和行为的基本概念，即使再有热情，再有创意，再怎么卓尔不凡的新老师也会觉得力不从心。人类心理和行为的相关问题包括：是什么促使人们做出某种行为，如何说服人们主动改变自己的行为，如何鼓励并启发人们尝试挑战难题，如何与来自不同经济及文化背景的人建立稳定和谐的关系，如何快速有效地说服他人听从你的领导等。

一定要确保你的教学经历真的可以为以后提供教学经验。如果在整个实习阶段你只被分配给一个班主任老师，而这位老师不让你和学生交流，最多让你发一下试卷，更糟糕的是让你连续几周坐在教室后面听课观察，那你就应该找你的教导主任调整一下安排。不要抱怨说那个班主任不好，就说你认为自己需要一种亲身体验的方式才能确认自己适不适合当老师。你的教导主任可能劝你努力适应，但你一定要坚定立场，因为你是顾客，你接受教育是要付费的，应该有人教你如何教学。辅导员可能说你不好相处，但我可以向你保证，来自教员的一点点不满相比于将来由于你准备不全面导致学生的不满不过是小巫见大巫。

如果你参加的教师教育项目给你机会选修课程，你不妨选择关于心理学、领导力、解决矛盾和时间管理方面的课程。你越是懂得如何让他人发出嘀嗒声（以及如何上发条和卸发条），你就越容易在课堂上控制学习气氛。社区学院一般会提供各种各样的继续教育课程，还有一些为改善当地居民生活质量而设计的课程。也许你周围没有课堂指导方面的课程，但现在在线课程可谓是数不胜数。虽然有些课程不过是兜售书籍或其他产品的诱饵，但有一些东西还是值得购买的。需要提醒的是，除非网站能够提供各种材料的样本，而且承诺不满意退货，否则你最好去问问图书管理员或者其他老师，或者可能给你指出一个正确方向，让你获得高质量指导的人，这样做比较明智。

幸运的是，如今我们有发达的网络，你可以上网了解许多课程。比如在网站www.teachers.net上，你可以读到教师们关于各种话题的谈话记录——从课堂纪律到富有激励性的课程计划，应有尽有。如果你在搜索引擎网站输入“课堂纪律”或“激励技巧”，你会发现很多发人深省的文章、网站以及能阅读更多内容的链接。

三、不能教课的人也可以做到

如果你发现自己虽然渴望培养和指导年轻人，但教孩子学习并不是你所擅长的，或者可能你缺少资源去完成一连串的认证以及教师测试项目，那你也不要绝望。教育领域的非教学工作也能给你提供指导和帮助：教学助理、保卫人员、校车司机、教练、辅导员、课程设计人员、独立咨询师、考试监考人员、职业生涯策划……这些工作都可以对教学工作起到帮助。你可以考虑做个副手，从事成人教育，或者在社区学院教英语非母语的学生，抑或去图书馆或拘留所教书。教成人和教青少年需要的许多技能都是一样的，但成人更容易自我激励，遵守纪律并接受指导。除此之外，托儿所、课后辅导班、社区服务项目、导师项目，还有让成人一对一帮助学生做好职业规划的学校通职场项目也都有教课的机会。

如果你无比渴望去教自己喜欢的课程，你可能需要问一问你的内心、你的现状以及你的选择。有些学生对学习的渴望和你对教学的渴望同样强烈。

四、教学到底关乎什么

如果你仔细分析你自己最喜欢的老师，从小学到大学，你会发现他们有一些共同的特征和行为。尽管无疑他们使用不同的技巧和方法去教学，但成功的老师会清楚表达他们对学生的期望，他们对待学习的态度，他们对师生关系的基本信念。

许多老师说“如果你有任何顾虑都可以和我谈”，但我们往往不会接受这个邀请，因为我们知道这样的邀请并不总是真诚的。我们怎么知道？因为学生从最一开始就更关注老师所做的而不是他们所说的。一个五年级的小女孩给我写过一封信，信中提到了她的老师，为我们提供了一个典型的例子。

“我的老师总说‘不要害怕问问题’，但当你问了个问题，她会做个鬼脸说‘你真的需要问我这个吗’，于是我不再问问题。”

你的态度和行为要与你的言辞和授课内容相一致。这点很重要，特别是在刚接手一个班级时，或者如果你是名教师新手。保证二者一致性的一个好方法是简明扼要地表达你的教学理念。如果你不能陈述你的理念，或者你不确定你的理念是否“正确”，那我建议你浏览一些关于教学方法的教材，并且让别的老师陈述一下他们的理念。表述时以我们不认同什么开头往往比以我们认同什么开头更容易。例如，我曾遇到一位老师，他说：“我提供给学生们他们所需要的所有信息。如果他们对学习不感兴趣，真他妈的。”很自然，我感到震惊，然而这位老师耸耸肩说道：“我耗尽了心力。我等不了过几年退休了，所以我现在危在旦夕。”我努力去避免在那位老师身上耗费时间，因为他消极的态度令我感到痛苦，但他的言论帮我形成了自己关于师生关系的观点。

这里有一些理念，也许它们中的某个代表了你所采取的方略，或者代表了你无论如何也不想采取的方略：

教师永远不应该表现的比学生知道的少。一个犯错或承认自己犯错的教师会失去学生的尊重，也是不够专业的。

学生应该尊重老师，因为他们是老师啊。无论出于任何原因，教师都不应该容忍学生对自己的不尊重。

彼此尊重是成功师生关系的基石，教师有责任去为此定下基调，就表示尊重的行为做出示范。

学生必须为自己的行为负责。我想让学生们理解，他们的行为会有对应的后果，所以他们就会学着做出更好的选择。

教师的工作只是去教授学业知识和技能。家长为学生的品格教育、价值观和伦理观负责。

高效能教师为学习做好准备——然后站在一旁，学生通过探索和实验进行学习。老师是真正的向导。

我会在下一章解释我如何形成了自己的教学理念，但是基本上我的理念基于一个简单的信念：

> 当学生相信成功是可能的，他们就会尝试。
>
> 如果他们不相信自己能成功，那么无论材料多么简单或学生多么聪明，他们都会失败。
>
> 因此，我的首要工作是使我的学生们确信成功是可能的，而且帮助他们取得成功。

如果你此时此刻不能明确有力地表达你的教学理念，不要惊慌。在你的大脑中过滤你的想法。就像一台计算机可以继续后台打印或操作，你的大脑会处理这个题目并且对付它，直到最终你的理念在脑海中出现。你可能打算过些时候再做些调整或做全面检查。如果你意识到你相信只有一些学生可以学会，想象你站在全班学生面前，面对面向你的学生们解释你不相信他们中的一些人能够学会的原因。我希望，这样的想象会帮你设想如果一位老师对你的成功不抱什么希望，坐在下面的学生会作何感想。

改变你的想法，基于经验、观察或严肃的反思采用一个不一样的理念或方法并没有错。但是如果你走进你的课堂，明确知晓你为什么站在那里，以及你对自己和学生的期望，你就会有比之前大得多的希望去成为一名成功教师。

讨论思考题

① 对于将教师分为优秀、出色、卓越，你有何感想？你能建议一种替代分类方法吗？

② 你认为对新教师来说，心理学和领导力技巧有多重要？在工作中开发这些技巧并且不妨碍自己成为一名高效能教师可能吗？

③ 本章列出的教学理念你同意哪个？为什么？

④ 简要陈述你的教学理念。在小组中，轮流陈述分享你们的理念，并且讨论这些理念是如何形成的。

Chapter 3

Do Your Homework

第 3 章

老师也要做功课

许多即将成为老师的人接受过一流的教育，阅读了最新的期刊，认真观察优秀教师，在实习教学的时候表现得光芒四射，可为什么当他们真正走上工作岗位后，教学不到一年就感到疲惫不堪甚至几近崩溃？

因为教育、欲望、知识、热情和才能不会自动使你能够与他人交流复杂的想法。

因为在教师培训项目中，辅导员是站在你那边的，他们对你的成功有种既定的兴趣。而如果你失败了，你的学生（可悲的是甚至有些老师）丝毫不会在乎。实际上，有些人看到你犯错反倒会幸灾乐祸。

因为在培训学院里，你的同学会欣赏你制作的精美课程计划，他们会赞美你讲课妙语连珠，出题丰富巧妙。和他们不同的是，你的学生可能对学习一点兴趣都没有。

因为有效教学与心理学的关系比与教育学的关系更密切。一个年轻人跟我说："你们老师可以让我坐在这里，拿着这些愚蠢的书，但你们没法逼我读这些书。"

幸运的是心理学无论是读起来还是思考起来都很有意思，相对来说也比较容易懂，而且可以充分应用到教学中去。也许你有应该如何教课的指导细则，还有相应的课程指导方针，上面已经明确列出在给定的时间内学生必须阅读的材料和完成的活动，也许你有建立属于自己的课程的自由和责任。不管是哪种情况，如果你在头几天上课的时候就迅速抓住学生的思想，他们就没有反抗你指示的时间和倾向了。在第五章“以微笑开启教学”，我会建议一些特定的活动让你在开始学校教学的最初几天抓住学生的注意力，但现在我想聚焦于开发和明确表述你自己的教学理念。

我刚开始教学的时候，甚至连一句简单表达自己教学理念的话都道不出。我总是忙于整理文件、备课、解决争端、说服学生合作、寻找有效的肃纪方法，还要消灭那些每天都可能烧毁每堂课的几千个小火苗。是一个学习吃力的学生使我开始关注思考。当时我被分到二年级的一个班，他们以前的老师突然决定退休。当我充满希望、精神饱满地走进教室时，却发现面前的这些学生对学习没有一丝期待和动力。

“我们干什么根本不重要，”一个女孩解释说，“在我们的老师离开之前，她已经给我们所有人判不及格了。她在成绩单上每个人的名字旁边都写了一个红色的‘F’。”

一提到写满红色“F”的成绩单，我看到那些学生的肩膀顿时都耷拉下来。他们低着头，同时深深叹了口气，我能感觉出他们的绝望。所以我马上跟他们说，以前老师的成绩单我根本没有，我打算一开始就在我的成绩单上给每个人一个漂亮的“A”。听起来可能太戏剧化，但我发誓我听到了那些学生心中冉冉升起的希望。每一张小脸都转向了我，包括那些说自己一点也不在乎上学的人。

我听到教室后面有个小男孩在窃窃私语：“她骗人！”另一个男孩马上小声阻止：“闭嘴，如果她没骗人怎么办？我以前从来没得过‘A’。”

就在那一刻，我的教学理念诞生了，而且一直以来对我的帮助都很大。我的教学理念是基于一个简单的信念：

当学生相信可能获得成功的时候，他们就会去尝试。如果他们不相信自己会成功，不管材料多么简单，学生多么聪明，他们都会失败。

所以我的首要工作就是要说服我的学生相信成功是可能的，而且我会帮助他们取得成功。我经常向我的学生传达这些理念，提醒他们不管我让他们做什么事，我的目标都是为了让他们成功，而非让人生厌的发号施令。一旦树立了我的教学理念，教学就变得更简单、更快乐了。我的学生不再和我对抗，而且慢慢开始学习了。

第二年，我利用学生的行为和成绩作为指导，又发展出第二套关于纪律、分数和考试的理念。但现在，我想让你在步入教室前思考本章中的观点和问题，这样你就可以更好表述你的教学理念。我相信这样的思考会帮你成为一个更有活力、更高效的教师。

一、选择你的角色

你的教室就是一个微型剧院：里面有少量饶有兴趣的观众和更少的演员——你自己，你是整个表演的明星。当你第一次站在舞台上时，观众虽然少，可在你看来却是黑压压一片。头上的聚光灯越亮，你捕捉观众注意力的速度就越快。后来你可能选择和学生们一起分享这个舞台，但在你的学生掌握他们自己的角色之前，你仍然需要站在舞台中央。我不是让你做出高高在上的姿态，在教室里装模作样地走来走去，但你的确要上演一台节目，而且还要达到某些具体的目标。你的责任是带领全体演员达到这些目标，虽然他们也完全可以礼貌地建议改剧本，但他们扮演的角色还是要跟着你走。

因为学生需要你的提示，所以你在上台之前，决定如何塑造这个角色非常重要。你想展现给学生什么样的形象？你想让他们如何看待你——是科学专家、对代数了解透彻的牛人、低调的书呆子，还是地球上最严厉但也是最出色的化学老师、像训练营教官一样的语法老师、一个恰好了解所有历史的单口相声演员，抑或是认真学习文学或科学的学生、强悍的记者、严厉但很温柔的教练？

你必须成为你自己。假装成另外一个人是个很糟糕的想法，并且注定会失败。因为学生很善于快速评估教师的性格，看你第一眼他们就能判断出你是个什么样的人。他们会看你的衣服、发型、皮肤的颜色（不是为了对你品头论足，而是分析你会如何评价他们），你最细微的身体语言、手势、姿态、步伐的大小、语调的高低，你在观察其他学生时的任何一个表情都逃不过他们的眼睛，特别是在与你对视的时候，他们会注意到你流露出的神情。一旦学生认定了你是什么样的人，再想改变他们的看法就很难了。即便你可以改变他们的看法，也需要付出大量的时间和精力。而且如果你第一步迈错了（我就不只一次失误过），你可能就只好草草应付现状，寄希望于随着时间的流逝事情会变好，但是这样会让你失去自信和领导力。

不管你选择什么角色，都应该是自然的，你可以保持一个学年的。我不建议你戴上面具或者改变自己的性格，但要考虑作为教师，如何充分利用你与众不同的性格、特点和才能。你不必为了成为高效能教师而变得外向。一些十分羞怯内向的教师将教学开展得风生水起，在课堂上享受自己的性格，因为这样的性格突出了他们其他的潜在才能。但是试图在课堂上努力装出另一种完全不同的个性并非良策，因为你对自己缺少自信。与塑造一个虚假性格相反，如果你花些时间去寻找自己的优势，效果会更好，而且这能让你增加自信和自尊。永远记住——孩子往往比成人更能接受不同的个性。学生们并不那么在意你姣好的面容或动人的才智，他们更关心你是否给予他们尊严与尊重。

我花了好久才把自己塑造成教官—单口相声演员—辅导老师这个角色，而且一边教学一边不断改进。第一年教学我努力迎合学生，导致了很多纪律问题。我总是开玩笑，希望学生喜欢我，把我当成大朋友。但是我没意识到他们需要的不是更多的朋友，他们有很多朋友——给他们提供大麻、香烟和抄袭来的论文这样的朋友；认为重金属乐是极品音乐，把烈酒当成上等红酒的朋友。我的学生需要我充当的是老师的角色，一个承担责任并能指导他们的成人，一个有时候必须扮黑脸才能帮助他们的领导者。第二年教学，我接受了一个老教师的建议——“圣诞节之前不要展露笑颜。”我决定做一个教官，可以用眼神把学生瞪死的教官，可我做不到。我是一个爱笑的女人，所以我要传达的信息前后不连贯，于是我的学生有一半时间不遵守纪律。

最后，我坐了下来，琢磨自己最大的优点和缺点是什么。然后，我总结出自己最有力的3个长处，这对我很有效。一旦我可以定义自己的性格，我就可以明白地向学生们显露出我的性格。现在我知道了作为老师我是谁。我是一位严格而又懂得变通的教育工作者，我对我的学生有高标准和高期待，同时又怀有关爱和热情。我倾向于用幽默替代威胁，不去容忍粗鲁或不尊重的行为，对我的科目充满热情，愿意半路上遇到我的学生们。现在我制定出了几个在任何情况下都不可以违反的规定，我会花时间亲自去了解每一个学生，我会尽可能用幽默的方式表达自己的意见，不会让学生难堪。

二、穿着合适的服装

在寻找最有效的角色时，我发现学生对我衣着的反应很有意思：他们认为有些衣服显得更严肃，由此表现也会不同。如果某天的上课内容需要学生发挥创造力、主动性和他们的大量参与，我就会穿更随意的衣服——也许是灯芯绒裤子配一件毛衣；在需要限制主动性的日子，遇到重要考试或者要讲的课是下一步学习的重要基础知识的时候，我会穿西装。

用衣服来树立形象是基本的心理策略，我们周围随处可见。拍摄电视广告，特别是药品和健康产品方面的广告，都会让里面的人穿上白大褂，给人一种医学权威的感觉。这样当他们说我们再也不会有胃肠紊乱或窦性头痛的时候，观众才更愿意相信。“棘手”的学生经常利用穿着打扮（比如皮夹克或者有划口的牛仔裤，或者染成蓝绿色的头发）来彰显自己对权威的不屑，向权威发出清楚的讯息，警告我们保持距离。大公司的管理人员一般很善于通过穿着显示自己的权力。害羞和内向的年轻老师或者年轻人可以从时尚专家那里获得一点建议——穿黑色的裤子和白衬衫通常会给人留下权威印象。

当你选择职业行头时，你要牢记你要表现的性格。确保你的衣饰不会传达与之矛盾的信息。如果你的目标是树立很有权威的个性形象，而你穿着很随意，特别是如果你穿的和学生一样，你可能就不会那么成功。他们会倾向于将你当作同伴而不是老师，在你授课时轻视你。

虽然我们讨论的是衣着，但我想建议你特别关注一下自己的脚。包括我在内的很多老师在刚入行时都会惊讶而痛苦地发现上了一天的课以后，自己的脚有多么疼。即使你的身体状态很好，习惯长时间站着，教学也会伤害到你的足跟。我强烈推荐你投资一双制作精良、穿着舒适的鞋。

三、最初几周坚持采用一种教学方式

你希望学生在课堂上有何感受？做何表现？你是想让他们安静地坐着，回答问题之前先举手，还是想让他们不管是否会打断其他同学或你说话也要抢着自由发言？你是希望他们早到学校，和你或者其他同学自在地聊天，还是希望他们把所有社交活动都放到课外，在你的教室里只关注学习？你是想让学生激烈讨论，自由表达个人观点（这样做可能会产生有趣的讨论），还是更倾向于控制全盘讨论，避免矛盾，以确保谈话内容围绕主题？

考虑学生的年龄、所教课程的难度，还有你教的每一群学生的人数，你希望他们在有限的课堂时间内表现如何？也许你会想象他们都坐在座位上，礼貌地举手等着你点名才发言。或许你想象的是一个更加热烈不受太多拘束的环境，学生们踊跃举手，大声说出自己的看法。等你和学生建立起和谐的关系后，你可以通过改变节奏和步骤来适应不同的课型，但如果你在最初几周坚持采用一种教学方式，那么你和学生可能会建立起更和谐的关系，你遇到的纪律问题也将会更少。

举例来说，如果你想让学生在发言之前举手，就要清楚地跟他们说明希望他们怎么做，同时必须按照你说的去执行。一方面如果你对他们说自己更喜欢举手发言，但又纵容那些在课堂上抢话的学生，这样其实是在告诉大家你当初说的话不是认真的。如果你继续纵容那些总爱大声说话的学生，可能很快会发现抢话的学生越来越多，许多学生已经无视你的权威了。另一方面，如果你不介意学生在课堂上自由走动或者发出噪音，允许他们上课想说什么说什么的话，那么，之后当你需要一个更有秩序的课堂才能教授某些技能时会发现，给他们一个既定活动，让他们安静地坐着举手发言，就十分困难了。在你确认学生会听从你指挥前，最好大部分时间坚持使用一个方法教学，让他们按照你的意思去做。当我限定学生的违纪行为时我会考虑这些。除非我给出明确具体的说明，否则我怎么让他们照着去做呢？

如果你不确定你想要塑造的课堂环境类型，那么想一想你自己的求学生涯。哪些课上你最乐在其中？哪些课你最为惧怕？在那些课上老师营造的课堂环境属于哪种类型？那些老师怎样向你们显示他们的态度？很有可能你会像你钟爱的老师教你那样教你的学生，或者像你所经历的最差劲的老师那样教你的学生。通常，受到过自己老师羞辱的教师也会转过身，使用同样的方法对付自己的学生，而且对自己当下的所作所为丝毫没有察觉。

在我看来，羞辱学生是懦弱的表现，我认为不断让学生感到尴尬或受辱是一种心理和情感上的虐待。你可以很严厉，但不应残忍。学生会接受一个严厉而公平的老师，就像接受一个坐视不管、容忍学生任何行为的老师一样。但如果你学期开始时采取一种方法，到了期中又变了，这就会让一些学生感到迷惑不解。如果你想重新训练学生，他们可能就不太乐意配合了。许多学生甚至会反对你改变，特别是那些在个人生活的许多方面都没有安全感的学生。

当然，你可以选择改变方法，采用一种你觉得可以提高教学水平的新方法，但要注意你的这种改变必须是根据学生的实际行为做出的适当调整。如果你开学伊始是一个说话温柔、脾气温和的老师，后来却变得大喊大叫、一触即发，学生会觉察到他们可以控制你的行为。一些学生会竭力惹怒你，因为看着老师发火是一件非常享受的事。

训练学生和训练小狗很相似。如果你让一只小狗在一周内每晚睡在床上，它不会明白为什么接下来的一周你会惩罚它，让它睡在地上。它会等你睡着然后跳到床上。如果你醒了把它踢下床，它稚嫩的感情会受挫，你会感觉自己像个坏人。同样的，如果你训练你小狗的狗伴睡在地上，如果哪天你想让小狗为你捂脚，它可能会迟疑是否该跳到床上。它可能会为你捂一会儿脚，然后跳回地板上的窝。也可能它十分享受这次位置的调换，以至于第二天晚上拒绝睡在地板上。不管怎样，供你支配的这只小狗搞不清楚状况了。

四、控制课堂而非控制学生

现在我想和你分享我当老师学到的一个最重要的教训。我从事教书这行之前，曾在部队服过9年兵役，在公司干了7年，我认为自己已经掌握了纪律的基本要领。当我所教班级的班主任让我管理他的二年级英语优等班时，我下定决心不能让学生欺负我。不幸的是，学生们对我的决心丝毫不放在心上。我越是努力控制他们，他们越是努力反抗。我一转身，他们就会把书扔到地上。于是我重新安排了座位，让关系好的同学分开坐。如果有人想回答我提的问题，他们就会大声咳嗽，于是我就给他们布置更难的任务。我和他们谈话时，他们双臂交叉抱在胸前，看都不看我，于是我把带头的人送到办公室。他们在那儿坐了一会儿就拿着一张便条回到我的课堂，让我更具体地说出他们到底犯了什么错，因为根据学生行为守则，拒绝与老师对视并不能作为被罚的理由。于是我就让他们中午留校，放学后留校，校内停学。他们回来的时候和离开教室之前表现一样，只是更加坚定要实施报复的决心了。

有一天我终于失控了。我开始大喊大叫，把书本扔到地上，像孩子一样发了火。第二天，我让阿尔·布莱克，一位从军队退伍转业的老师，到我的课上旁听观战。当学生们离开了教室，阿尔叹了口气，摇了摇头。

“你不喜欢这些学生。”他说。

“是他们先不喜欢我的。”我抗议道。

“这不重要。”阿尔说，“你是老师。你决定课堂氛围。现在，你制造了冲突，因为你表现得像个坏人。”

经过了一个不眠之夜，我意识到阿尔是对的，我该对解决问题负责。我一直着力于改变学生的行为，但其实我本该反思自己的行为。我不确定该怎么做，可是，阿尔拒绝给我指出明路。他只说：“想想清楚。”既然我自己想不明白，我决定去寻求学生的帮助。最坏的可能是他们会拒绝我——但这不会改变任何事情，而我只需要另寻他法。第二天下午，当学生们来到我的课堂，我感谢他们及时赴课。他们相互交换了“发生什么了”的眼神，没有回应。然后我说：“从一开始一切就都错了。现在，没人喜欢我的课，包括我自己。我不讨厌你们。我只是不喜欢在我的课上发生的一切。所以，我想重新开始。如果你们对我好，我也会对你们好。”有几秒钟他们惊呆了，这之后一个学生——一个领头的学生——咧嘴笑了，对我竖起了大拇指。“成交！”他说。其他几个人也表示赞同。就这样，整个课堂变了样。师生间的互动融洽了。连呼吸的空气都感到不再一样，多了一丝轻松。

最终我明白了他们想教我什么：我无法控制学生的行为，但我可以控制自己以及我的课堂。当我明白了这个简单的道理后，就不再理会他们的行为了，而是开始让他们注意我的行为。从那天之后，当哪个学生扰乱课堂或拒绝配合，我马上和那个学生来一个简短的私下对话（有时五秒钟就够了！），给他/她机会去转变自己的行为并且避免其丢面子，而不再是变得不安或者发出警告或威胁。当他们思考我的提议，我回去继续教那些配合教学的学生，并且一定会就他们的合作表示感谢。这个想法看上去很简单，但它对师生关系的改善会起到惊人的效果。一旦我不再让学生支配我的行为，在任何教室我几乎都不会遇到纪律问题，即使我教的是一群违法乱纪、需要改造的学生。

我并非建议你去忽视违纪行为，尽管忽视一些扰乱课堂的小动作是一个不错的主意，要知道这样的小动作往往无疾而终，自讨没趣。我的意思是，如果我们关注那些合作的学生，并对他们的合作行为表达赞许，而不是让学生的不端行为使教学的列车脱轨，我们就更可能抵达想去的目的地，每个人也就有大得多的几率去享受这个旅程。

五、为学生上课如厕做出计划

在完美世界里，教师可以自由设计合理高效的程序安排学生上课如厕。但是我们中的绝大多数都不得不与学校的政策抗争，这些政策往往是冷酷无情的，因为它们的重点是防止故意捣乱或旷课逃学，而不是尽力满足学生们现实的生理需求。我曾任教过的学校里，一些禁止学生上课如厕，另一些学校的标准做法是规定出学生每月或每学期上课如厕的次数。而且许多老师要求学生利用午餐时间或放学后的时间留在教室补足因上课如厕而错过的学习时间。一位老师笑着描述“小便舞”，他要求学生在真的需要上厕所时就跳这种小便舞（抓住他们的裤裆，双脚轮换着跳跃）。我多希望他们的校长也让他想如厕时跳这种舞！

我一如既往地希望老师们站在学生的角度换位思考。如果上班第一天，校长告诉你除了午休时间，你无论出于任何理由都不能上厕所，或者你需要加班或者放弃午休时间补足工作时如厕浪费的时间，你会作何感想？这听上去很荒诞——因为确实如此。

上厕所并不是一项特权。它是一种生理需求。在我看来，因为学生年轻或幼小就否定其如厕的权利是冷漠和残酷的。一些学生的膀胱虚弱无力，另一些因为接受治疗或吃药需要频繁上厕所。这些学生面对上课如厕的限制性要求，在生理压力之外也感受到了情感压力。他们为自己的如厕需求感到羞耻。许多学生为了避免上厕所不再喝水，导致身体脱水——这不仅是生理上的不健康，也是精神上的。我们的大脑为了达到功能正常需要水和葡萄糖。

许多老师忽视的另一项因素是安全。有时学生不情愿在休息或路过时上厕所是因为厕所里经常会发生欺凌、吸烟、吸毒或性行为等不端行为。

那么，有什么解决办法？作为学校教职工团队的一员，教师需要配合学校制定仁慈的校规。从个人角度讲，教师面对铁面无情的校规可以有很多应对方法。比如，在我曾经教过的禁止学生上课如厕的高中，我常常带我教的整班高一新生在点名后立即去厕所。我们的动作很快而且尽量不出声。我们通常会带上书，这样当被问及外出事由，我们就说是“阅读考察”。我们从没有遭到质问，因为我们的动作很轻，不会打扰楼内其他人的学习。我的学生很感激我给予他们的尊严和尊重，会以在我课上更卖力学习作为回报。

许多小学教师都发现，令他们吃惊的是，小学生对于签名离开很有责任感。因为他们感到像大孩子一样被对待，于是尽力不辜负这份尊重。

如果你可以自由制定自己班里的政策，让这项政策成为一个小交易而不是一个大交易。用一件物品作为学生的如厕关口。这件物品应该很显眼，而且不容易被弄坏：一个小的圆滚滚的动物玩偶、一个木制玩具、一条厚塑料尺。系上一个钥匙串或一条绳子，尽可能让它固定在门口。准备好一张签字离开的表格供学生使用。确保这个关口只供学生如厕时使用。绝大多数学生不会滥用这个系统。你需要明确，学生利用这个机会去干别的（高中生喜欢顺便在走廊里见朋友或生意伙伴）将面临的严重后果。对于这样的学生我不会拒绝他们未来如厕的机会，但我会为他们找个陪同直到他们证明他们是可信的。如果厕所就在附近，我会自己陪他们去并在走廊里等。如果必要，我会找一个身材魁梧的、有责任心的学生（或叫一位学校辅导员）作为我陪同时的助手。冒犯者会迅速收敛。

你制定的如厕计划要适合你的学生。关键是你要构建一个可操作、灵活，可以随时调整的系统。但你的首要目标应该是允许学生在需要的时候上厕所，而且不会遭到惩罚或羞辱。我们有比让学生生病或痛苦好得多的方法去教导学生学会自控。顺便说一下，那些羞辱学生的老师往往也是班上纪律问题严重的老师。

六、你的可选议项是什么

你真正在教学生的是什么？在我教学生涯的第一年，我曾向老教师阿尔·布莱克坦承，我担心教给学生的东西还不够多。我解释说，我认为学生要想进入下一年级学习就必须要达到一个最低标准，但是我不知道如何为我教的不同班级制定这个最低标准。

“什么最低标准？”阿尔问我，“逗号，拼写，词汇？一个孩子应该知道使用逗号的四种方法，会正确拼写400个单词吗？他应该知道‘defenestrating’是什么意思吗？如果他不认识这个词，但认识另外1000个词会怎么样？标准是什么？我并不是在谈论学区目标，我所谈论的是你自己的标准。当你的学生学完你的课程，你希望他们知晓什么？”

“我不知道，”我承认，“但是我担忧我到底有没有真正教会他们什么。”

“所有的老师都想知道他们是否真的教会了学生什么，”阿尔告诉我，“我在你这个年纪时，常常暗自思索这个问题。啊，时间如梭，好像已经过去了几百年。但过后我学到了一些重要的东西。你不是在教英语。你可能会问‘那我在教什么？’你在教孩子们如何分析信息，关联其他信息，整合分解，然后以你要求的形式回馈给你。这跟教什么班无关，我们都教着同样的事情。我们只是使用不同的术语。你用逗号和形容词；生物老师用染色体和叶绿素；数学老师用虚数和三角形。而且你还在教一个可选议项：你在教孩子们相信自己。所以，不要担心你是否在教他们英语。你在教这些孩子。相信我，你在教他们。”

在我有机会思考阿尔的意见之后，我意识到他所说的“可选议项”是教学中最重要的因素，比学区目标还要重要，因为你的可选议项回答了这个首要问题：在你的学生们上完你的课程后，你希望他们知晓什么？

你希望你的学生们知晓什么？很自然地，作为一位英语老师，我希望我的学生们阅读和写作技巧有所长进，有更大的词汇量，对抽象概念有更多理解，思维技能有所提高，热爱文学。所以我设计了具体课程去提高词汇量、进行文学分析、撰写逻辑论证——这些年为学生量身打造了几百种不同的课程，适应不同的能力水平。在我和阿尔的探讨之后，当我铺开我不同的课程计划，寻找它们之间的共通领域，我的可选议项就会变得很清晰。一次又一次，我在更大的命题里设计我的课程。例如，一次作文作业，我要求学生描写他们面对和克服困难的一次经历。在一个补充的小故事单元里，我把各种不同出处的故事拼凑在一起。这些故事包括处理诸如离婚、心爱的人去世、同伴压力和偏见这样的挑战，当然，人物故事都是虚构的。我所挑选的希望引起特别关注的诗涉及追逐梦想，坚持原则，承认错误。

对于阿尔的问题，我现在所给出的答案与那时一样：我希望我的学生在学业能力上有所长进，但同时我也希望他们强烈认识到自己的伦理标准，对知识有难以抑制的渴望，根据他们自己对成功的定义，有取得成功的欲望、高超的问题解决能力，以及对所有人给予基本尊严和尊重的风骨。

你的可选议项是什么？

你的议项取决于你的价值观和伦理观。即使你不去刻意在你的课程中融入你的信仰和态度，它们也会不自觉地显露出来。它们潜藏在你布置的作业的上下文里，在你决定谁及格谁不及格时所采用的方法里，在你和某些学生说话时的语调里，以及在一千种其他微妙的线索里。每天你都会教给学生你认为重要的。你会把你自己的伦理观、态度、信仰和道德观传达给你的学生。如果你能明确表达你的可选议项，你就可以用这样的方法去改进你的教学。了解你的可选议项还可以帮你避免无意中教给你的学生你不想教给他们的——这就是下一节的内容。

七、正视你的偏见

虽然我们大多数人十分努力地想摆脱自己的偏见，但到目前为止我还没有见过一个没有偏见的人。我们的文化和宗教背景、家人和朋友以及我们的经历加起来会让自己对他人形成先入为主的看法：金发黑发，高矮胖瘦，丑陋或美丽，内向或外向，聪明或愚钝，古怪或随和，信仰基督教犹太教新教或伊斯兰教，黑色皮肤棕色皮肤白色皮肤黄色皮肤或红色皮肤。

我认为对于老师来说，我们应该比常人更加努力去破除自己的偏见，尽量减少我们无法避免的偏见所带来的影响。这点非常重要，因为很多学生都会一辈子记得我们说过的话、做过的事。我们大部分醒着的时间都是和学生一起度过的，甚至比他们与父母共处的时间都长。除非是有充分的理由，大部分的孩子都喜欢并尊重自己的老师（是的，甚至是许多声称自己讨厌学校和与学校相关的一切事物的叛逆青少年）。许多学生都会根据老师的态度学会喜欢并尊重自己——或者痛恨或不尊重自己。想一想你自己孩提时。如果有老师说你懒惰、愚蠢、无望、丑陋、笨拙或一无是处，我肯定你会清楚记得那一刻。我也肯定如果老师说你聪明、特别、敏锐、明智、惹人喜欢、有才华或出色，你也一定会记得。

在我们这个国家，肤色和种族依然是偏见产生的首要根源。许多人认为，由于民权法、平权法案的作用，以及许多组织致力于促进平等和公正，肤色偏见在我们的国家已经荡然无存。无可否认，在消除肤色偏见方面，我们已经取得了显著的成绩，但我们依然有很长的路要走。在过去十年，我走访了我国半数以上的州。在每个州，我都遇到一些教师，目睹在学校里和社区经常发生的种族偏见而感到惊慌和惧怕。事实上，我所遇到的唯一真正相信种族偏见在学校已经不是问题的群体是白人。那些白人并非愚钝或缺少同情心，他们只是看不到在他们的世界里不存在的事物。棕色皮肤的人坚持认为偏见依然是个大问题，我相信他们能够最准确地评估事态。

所以我反复强调正视偏见这个问题。几年前我所教的二年级班接收了一个叫丹特的年轻人，恰巧他有着暗色皮肤。这个孩子的性格温和老实，对学校抱有热情，而且在踢足球方面拥有非凡的天分。我们队的老师都很喜欢丹特，大家公认他是学校里最耀眼的明星。学期快要结束的一个下午，丹特放学后留下来和我聊天。

"我只是想感谢你，"他说道，"因为你不怕让我做作业。其他的老师都害怕我，因为我是个大个子的黑人。他们表现得好像如果让我生气，我就会伤害他们似的。"说着说着，丹特的眼睛里噙满了泪水，声音也变得哽咽起来。看着他，我觉得自己也要哭了。

"那些老师那样表现的时候你是怎么做的？"我问他。

"我就表现得好像真要伤害他们的样子。"丹特想努力地笑出声来，但是由于他之前的抽泣，笑声变成了一阵咳嗽。

那一刻，我几乎都想笑了，因为听起来实在太好笑了，但我很快意识到对丹特的话一点也不应该笑。不管那些老师是不是故意的，是他们逼迫丹特表现出一副要伤害人的样子，他们在操纵他，把他变成自己心中典型的坏孩子形象，也就是愤怒和暴力的代表。仅因外表长相就害怕一个孩子无异于说"我知道你的内心是暴力的，因为那才是你的本性，暴露你的本性是早晚的事”。

人人都知道，当我们说实话时，若仍会有人认定我们就是在说谎，这时我们会感到多么愤怒。如果有人非说我们做了没做过的事，我们又会感到多么气愤。成人有时候会无中生有、颠倒黑白，也会对错误的指责和影射自圆其说不予理会，但是小孩和青少年对人类的性格了解不足，无法将成人的行为合理化或忽视掉，他们不知道如何避免被成人操纵。当成人影射地说由于肤色和种族背景的原因，某些学生就是暴力的（或者愚蠢、一无是处），那么他们肯定没有能力去处理那些由此而生的沮丧、惊讶和愤怒等。我认为总是让学生面对这种不明显但却很严重的偏见是心理虐待，肯定会对他们的自尊及其对学校的态度和对人性的看法有长远影响。我们都知道学生倾向于迎合老师的期待——无论是高期待还是低期待。除非我们有充分的理由相信某个学生有暴力行为倾向，否则我们必须对所有学生抱有最好的期待。我们必须根除自己不合理的恐惧，因为如果我们惧怕他们，我们就不能教好他们。

我刚才说了，目前为止我还没有见过毫无偏见的人，这样说也包括我自己在内。与丹特聊完以后，我坐下来强迫自己正视自己的偏见。我读过期刊上的文章和心理学方面的教材，知道有研究表明大部分美国白人（还有很多黑人）在公共场合看到棕色皮肤的人或者黑人朝自己走来时焦虑感就会增加。我也必须承认相比一个白人靠近我，看到棕色皮肤的人或者黑人向我走来我的焦虑感肯定会更强。但我一生中从来没有遭到过棕色皮肤的男子或黑人男子的袭击，却曾不止一次地与白种男人相处不快。所以，我没有理由害怕棕色皮肤的人或者黑人胜过白人。因为我在北部一个全是白人的镇子里长大，除了白人，我没有跟其他任何肤色的人接触过，我没有经验去形成自己的态度。除了歌手比尔·考斯比和拳王阿里，我不记得从我童年到三十几岁期间还见过其他的正面黑人榜样（三十几岁的时候我已经完全不看电视了）。在成为教师前做服役军人的9年里，我只有过一次与一个黑人稍微有点敌对情绪的经历，却有过十几次因为白人男士兵或水手不欢迎同级别的女人，跟他们有过非常严重的对峙。我只能总结出我的偏见是由于听到了很多新闻报道，说年轻的黑人或西班牙裔的男子在大城市里开战，同时还有不少电影、电视节目总是把少数族裔的男性塑造成皮条客、毒贩子、惶惶度日的酗酒徒、瘾君子、犯罪团伙成员、虐待妻子的丈夫、杀害警察的凶手还有罪犯。

我去除偏见的方式就是和许多成功的、受过教育的黑人和棕色皮肤的人交谈。我把他们视作良师益友。我在学校的午餐食堂和各种社区活动中与他们交朋友——不仅当作研究对象，而且是有血有肉的人。几周后我发现自己有了明显进步。当我再见到即便是一点都不喜欢的黑人男子时，也能将种族偏见的程度降到最低。在见面之前，为了不让人觉得我有偏见，我会尽量让自己有喜欢他的愿望，或者表现出喜欢对方的样子。

经过20年不断的自我治疗，我感到可以随心所欲去喜欢一个人或者不喜欢一个人，不管对方是什么肤色、什么种族背景，关键是看那个人怎么对待我——特别是他对待孩子和小狗的态度。我没有假装这个世界上不存在暴力。我尽量远离那些看起来醉醺醺的、吸过大麻、反社会或者有可能很危险的人，不管对方是什么肤色。但我不会仅仅因为种族根源就判定某人很暴力，而且我学会了和那些对我有偏见的学生打交道。

比如，某天有个年轻人旁若无人地走进我的英语课堂，从我面前经过的时候看都没看我一眼，就说他讨厌白人。

“如果我在夜里发光，我也没办法，”我告诉他，“我生来就是这样，我没有任何办法去改变。如果你非要出于什么原因不喜欢我，希望这个原因是我可以直接负责、可以控制的，比如我的态度、我的处世方法，或者我的行为。在了解我之前为什么不先放我一马？我也会这么对你的。我会根据你的行为，而不是你的肤色来决定是否要喜欢你。”

对我有偏见的这个人耸耸肩，一副假装没听到的样子，但他一定是听到了——虽然他很少和我说话，而且明显对我没有任何好感。我教他的第二学年快结束时，他在日记里写道，那一年他在学校里学到的最重要的事就是“并不是所有的白人都是坏人”。我把这句话当作是他给予的高度赞扬。更重要的是，因为他至少见到了一个例外，就不会再百分百地抱有原来的偏见了。他鼓励了我尝试让其他学生也体验例外，扭转偏见。

最后要注意的一点：我和丹特谈话之后，建议他读布兰特·斯戴普斯一篇叫作《夜游人》（*Night Walker*）的散文。斯戴普斯讲述了自己在遇到别人因为肤色的缘故而恐惧自己的时候是如何控制愤怒的。为了防止可能发生的对立，斯戴普斯会吹起口哨，吹一些著名的经典曲调，让人们知道他不是抢劫犯——相当于徒步旅行者在熊出没的乡间游走时带的牛铃。虽然读篇散文并不能解决问题，但它却提供了一种智慧的表达方式，可能帮助少数群体的男性和女性克服这个世界带给他们的困难。

八、尊重自我

现在老师们总是问："我如何能让学生尊重我？他们在见到我之前就已经决定当我走进教室时表现得不尊重我了。"很明显，你是无法让所有人都尊重你的。你可以去要求他人尊重你，可这是无法强迫的。孩子们已经明白了这个道理，所以他们反抗你要求他们尊重时并不顽固。你的要求让他们觉得受到了侮辱，就像一个陌生人走近你要求你立即表示出尊重。所以你越是强迫他们尊重你，他们就越会感到受辱，就会对你越加不尊重。

有时候我们会觉得整个教室里全都是不尊重自己的学生。有些老师拉开了战线，变得更加严厉。他们建立严格的规定和必须遵守的纪律。这样学生进入了和老师的对峙中——许多年轻人都很喜欢这样，因为好玩，而且比上课简单得多，更重要的是他们已经知道如何不尊重别人了。根据我的经验，我知道如果学生对你的努力冷嘲热讽、视而不见、抗拒反对或者彻底不当回事，那么继续示范尊重他人的行为会让人无比沮丧。我也知道让学生操纵你，照他们的意思去做出回应是多么容易发生。但如果你可以扛住压力，如果你可以继续尊重他们，把孩子与他们幼稚的行为分开，最后他们大部分人会明白你是真诚的，你真的很尊重他们——继续讨厌一个真心尊重你、在意你的人是非常困难的。

这个问题我是这样处理的。第一节课我就跟学生说明我最珍视的行为就是自我尊重。我解释说，我认为缺少对他人的尊重是由于缺少自尊导致的，所以我会帮助他们成为自重、自律、自尊和自信的人。之后我会尽全力达到自己的高期望。如果哪个学生不尊重我，我就把这个学生叫到走廊谈话，但仍然以尊重的态度跟这个学生讲话。（偶尔碰上实在太过分的学生，把我气得已经无法再保持尊重了，我要么让学生站在外面等我恢复冷静，要么叫其他老师或者辅导员帮我代一下课，我好出去走走让自己冷静下来。）

有些学生看到别人真心尊重自己却不知道如何回应，因为他们以前从未碰到过。你可能需要继续尊重下去（有时候要持续一个学年），他们才会意识到你不是在假装。他们可能会怀疑你动机不良。有个男孩曾经告诉我，他对我一直很有敌意，但我一直对他用尊重的语气讲话，让他以为我是打算想办法戏弄他。

"我觉得你在耍花样，知道吗？"他后来告诉我，"我想你太狡猾了，但你能有什么阴谋？除非是想图点什么，否则没有人会那么友好。最后我才明白你是在教我如何做到行为得体、礼貌待人。"

你没必要为了表示尊重学生，而刻意喜欢他/她。我肯定在你周围和你共事的成年人中你也有不是特别喜欢的，可你不会肆无忌惮地不尊重他们，特别是在同龄人面前。同时我觉得你也要接受，并不是所有的学生都会喜欢你。这样也没关系。学生们没有必要喜欢你，就像他们不必彼此喜欢一样，他们仍然能够掌握你教的东西，而且他们仍然知道需要表现出自尊自爱才能成功，才能在个人生活和职业生涯中与他人建立积极的关系。

我观察了成功的老师，也观察了苦苦挣扎的老师，对于一些成年人为什么无法从学生那里获得尊重，甚至是那些认为自己完全尊重学生的人，我总结出了一个理论：当教师的出发点是希望改变、塑造或挽救学生时，学生们就会觉得老师高高在上。他们知道老师总觉得高人一等，即便老师真的很想帮助他的学生，学生们也会讨厌老师的这种态度。想象一下另一个成年人走到你身边说："你真是糟糕透了，你做出的选择都愚蠢至极，你浪费了你的时间和才能，你的价值观和道德观都比我低级，但我可以教你如何更像我一点，这样你才能变得更好。我可以帮你，如果你愿意照我说的去做。"

如果有人这么跟你说话，你会做何感想？即使这个人比你更有成就、更成功，我觉得你也不会乐于接受。因为你会想，这个人凭什么这么跟我说话？你的情绪会掩盖理智，你们之间不会有真正的信息交流。相反，你会把注意力放在确立自己的优势地位上，控制或表达愤怒上，抑或是回敬对方的侮辱上。

如果我们想得到学生的尊重，就必须把他们当作应该给与基本尊严的同等人去尊重。我们必须接受他们不同的价值观和生活方式，以及他们可能做出我们永远不会做出的选择。但他们年轻懵懂，教育程度低，缺乏社会经验（即使在街上混得很开）。我们不能要求他们做出合情合理、成熟明智的选择，除非成人已经教给他们如何思考并且提供了一些表现出成熟明智行为的榜样。这就是你提供榜样的机会。对待拉帮结伙、吸毒滥交、考试作弊的学生，不要浪费时间去批评和贬低他们，如果你问他们为什么这么做，而且仔细聆听他们的回答，反而会得到更多的尊重。如果他们向你寻求建议，那就尽管给出建议，否则就要不断问问题，直到学生学会质问自己的选择和行为。他们自己的问题，你是没有办法解救的。但是教会他们如何思考，如何解决问题，如何分析选择，最后取得成功，他们就能自己救自己。

“你是让我告诉学生成为帮派成员没什么大不了的吗？”一位老师问我。当然，我并非让老师去支持加入帮派组织。我是让你们克制住自己，不要去评判那些成为帮派成员的学生。如果这个学生家父辈、祖父辈都是帮派成员，就像我的许多学生一样，当我贬低帮派，我就侮辱了这个家庭，也失去了赢得这个学生尊重的机会。去教一个不信任你的人是很难的。如果我们对某人的生活境遇不了解，就不可能知道面对同样的境遇、同样的压力，我们会否做出不同的选择。当我们初次遇到他们，我们不可能知道他们私人生活的细节。所以，我学会去说：“我相信人们做事情都有自己的理由，即使我认为我不会做出这样的选择。重要的是，我们思考我们做出的选择，如果我们认为可以有更好的选择，我们就加以改变。”

在考虑如何表现出对学生的尊重时，请花点时间回想一下你小时候的老师。我拿我“巨额的”教师工资作赌注，你想到的绝对不是代数公式或介词短语，你更可能想到的是一句让你精神高涨的赞美之词，或者是到现在都让你感到羞愧的话。记得我二年级的时候有一个老师用美纹纸胶带把我的眼镜粘在脸上，因为戴眼镜总是引起别的孩子嘲笑，于是我就总把它拿下来。这个老师说她是打算让我戴好眼镜，教我不要那么傻，但她教给我的却是在一个滥用权力的权威人物的控制之下任其摆布，那是多么令人难堪和愤怒。那天后，我把眼镜放在家里，拒绝再戴眼镜上学。整整几年我都眯着眼睛上课，一直到高中毕业。我至今都记得这个二年级老师。但我也记得我五年级的老师霍达克女士，她鼓励我写作，分配给我担任班级报纸编辑这个光荣的任务。如果我有愚蠢的表现，霍达克女士的一双眼睛会透过眼镜盯着我看，等着我恢复理智，冷静下来，然后她会拥抱我。霍达克女士教我思考自己的行为，教我挑战自我，追逐梦想，她还教我懂得尊重的真正含义，我会爱她一直到死。

九、分数：按比例？按曲线？扔硬币吧

你在课堂上如何使用分数？为了给与激励，记录教学进度，评估教学效果，惩罚上课走神和拖拖拉拉的学生，还是以上4种全包括？我倾向于只使用前3个。因为如果老师用低分或者减分作为惩罚，那就促成了破坏我们教学体系的行为不当与失败的恶性循环。我认为分数应该用来衡量学生对材料和技能的学习情况，他们的分数说明了我教课的效果和学生受激励的程度。一张写满D和F的成绩册仿佛是一面警告的旗帜，说明我没教好。

每个老师都必须建立一个评分体系，反映的是他自己的标准和道德观，但最成功的老师可以保持高标准、灵活的态度，并一直重视公平。成功的老师会频繁告知学生其进步，避免出其不意或者有人抱怨。你所在的学校可能使用及格/不及格、平时表现与考试成绩按百分比或用字母打分的制度。你所在的科室可能会加上自己的标准，比如95分才可以得A。但最后评分是由你做主的。即使像数学这样比其他科目更客观的课程，在评分的时候也要留下主观评分的空间。是作业做对了你才给分，还是对那些写错答案，但明显付出过相当大努力或对重要概念有基本理解的学生也给一定分数？如果有个学生从不旷课，诚实认真地完成作业，上

课的时候也很配合，但就是一考试就紧张，所以每次大考都不及格，你会给她打多少分？即使不能准确体现她的能力，你也会严格按照百分比来评分吗？你是否会减少她考试成绩的权重？也许你可以给她安排另外一种考试方式，让她放学后考试或者让一个她信任的辅导员在场。

那些不争气的孩子怎么办？如果有个学生完全有能力得A，但是他决定抓紧一切机会在课桌下看漫画书，很少完成家庭作业，如果他期中考试和期末考试都得A，你总评分的时候会给他A吗？你的分数是要反映他的学习能力和天生的聪颖，还是考虑一下他的学习态度和表现？

你会给每一个任务都评分，还是在学生付出努力学习到了新的技能，即使犯错也给他们整体的肯定？你会给那些每次做功课都很努力的学生额外的分数，让他们得一个高分，反映出他们的努力、热情和执着吗？你会让学生从零开始，然后设置重重障碍，让他们通过努力才能得到A吗？你是先布置做功课，看到他们表现之后才决定如何评分，还是一开始就给所有的学生A，然后让他们努力保持？

因为觉得要提高标准，很多老师从授课第二年起就给学生布置大量的作业。有些老师甚至自鸣得意地说："我的班级里没有人得A，因为我相当严厉了。"我想问问这样的老师，如果学生知道在你的课堂上是不可能得到A的，什么会鼓励他们努力学习？如果你的课堂材料是可以学会且适合学生能力水平的，那么为什么积极且努力学习的学生不应该能学会你必须教学的内容？

每一位老师应该回答的问题不是"学生该得多少分"，而是"你想让自己的学生学什么”。当然，根据教学政策，一些大的考试你必须打分。虽然严格利用百分比给每一个任务打分会告诉学生在任何情况下都必须达到某种标准，但也会让他们觉得学习成绩要比社会技能、尊重他人、热情、征服挑战的意愿以及从错误中总结教训更为重要。

学年结束的时候，你可能会想自己给的分数是否能准确反映并奖励学生们做出的努力。不仅你一个老师在想这样的问题，许多老师都会让学生给自己评分，或者写一段话、一篇文章来说明自己应该得的分数。这种办法我变换方式用过很多次，结果都很成功，我的学生很喜欢。我不但了解了他们的学习，而且也了解了自己的教学情况。我把这种自我评分系统称为“转换视角”。

我还给学生们布置一个任务：给自己写信——但写信人是我。在信中他们必须想象自己是从我的角度描述他们的行为，评价他们在我的课堂上的表现。他们必须给自己打一个认为我会给的分数，而且还要给出充分的理由。

有时候学生会不明白这个任务是怎么回事，需要你的帮助才能开始动笔写。我在黑板上写下了几个可能的开头——“亲爱的乔伊，能有你这样的学生我感到无比开心”或“亲爱的派崔斯，快醒醒，闻闻你那奇臭无比的网球鞋”等等。

一两个喜欢开玩笑的学生一般会写很傻的信，但是大部分学生都会用心完成这项任务。他们是诚实的，而且比我批评得更严厉。有时某个在我的成绩册里得A的学生给自己打很低的分，因为他觉得自己一直都没有尽最大努力；有时，读完那些信以后我得知某个学生在课堂和家里都付出了大量的时间和努力。在读完这些信之后我很少给他们降分，有时甚至会提高一个等级。这些信不但让我看到我给的分数是否合理，还让我看到了自己在课堂上的表现如何。他们让我知道我在某个教学领域花的时间过多，在另一个领域花的时间太少；我对男生和女生给与的关注不同，很不公平。学生写的那些信提醒我要努力争取自己的A。

关于评分最后一个注意事项。如果你教的科目包括抽象原理或概念，比如说伦理学、经济学或代数（特别是代数），一定要明白有些学生可能有问题。这是由他们的个人发育速度决定的。每个孩子在发育过程中都有一个转折点，大脑从具象思维转到了抽象思维，这种转变和智力没有任何关系。学习自觉、勤奋刻苦、习惯了在学校里顺风顺水的学生，一旦无法掌握新概念，都会感到气馁。你可能会觉得他们没有努力，因为通常他们的分数一直都很高。比如说我们学习文学中的象征主义时，很多聪明的学生能理解象征主义的定义以及我用来解释这种技巧的例子，但是他们在考试的时候却无法给出自己的例子。我没有给那些学生的卷子扣分。如果他们能给出定义，记得我当初举的一些例子，我就给分。我希望等到他们以后能明白的时候会想起这些例子，然后把这些例子当作范例去创造自己的例子。

十、教完课程不是教学

如果你是组织大师，富有创造灵感，出色、普通和需要改造的学生都能教，不管遇到多少干扰，不管被打断多少次都能毫不动摇，那你可能毫无问题地教完你的整个科目或某门课程所要求的全部教学内容。如果你从不担心如何在一学年内完成所有想教的课程，那你是一个非凡的天才老师，这一小节可以略过不看。但其他人会担心，因为这是老师遇到的常见问题，尤其是新老师，都会担心无法完成所有教学任务。因为材料太多，要转发的文件太多，会分散精力的行政工作也太多，时间总是不够用。我们大多数人都没有跟别人提过自己的恐惧，也没有讨论过如何才能成为更高效的老师，而是自己默默地担心，因为害怕如果承认有时候对教授课程所要求的全部技能和信息力不从心，也许同事会觉得你效率低或者不够资格。

每位老师都必须面对的问题是：如果遇到矛盾，应该优先考虑的是什么——教完所有的课程资料，准备各种测试，还是满足学生的需要？这两个方向都容易犯错。有些老师接受了教学指导，用心努力完成规定的教材内容和活动，丢下那些学习速度不够快、拖全班后腿的学生。不幸的是，有时候整个班级都落在了后面，期末考试的时候老师成了唯一明白材料的人。其他的老师被来自上面的压力压得喘不过气来，他们花了所有课堂时间用来讲解某个具体的考试。他们的学生可能知道怎么考试了，学区考试成绩看起来也很不错，但我认为，让学生们学习思考、读书和写作更有用。因为这些能力除了让他们做好准备通过考试以外，还有助于他们在大学及工作岗位上取得成功。有些老师拿上面的压力不当回事，付出了巨大的代价（不再续签合同或者不授予终身教师职位等），他们把教科书扔到一边，花整堂课的时间和学生讨论怎样设计或者实施有趣的项目，这些项目需要好几周时间来完成，于是导致学生达不到进入下一学年的要求。

虽然不容易，但也可能找到折中的办法。我的教务主任在一次教师小组会上阐释了自己的观点，他把我推向了正确的方向。我们4个老师合作，教一个50人的班级。班上的学生都是十几岁的孩子，处于危险边缘，他们旷课现象很严重，阅读能力未达到标准水平，对教育抱有消极冷漠的态度。

“教完课程不是教学。”我们的教务主任解释道，“没有人指望你在一年时间里解决这些孩子面临的问题，使他们达到年级水平，并且讲完整本教科书。我建议你们选择教科书里的关键内容好好讲。不要担心所有的内容都必须讲得面面俱到，要挑最重要的概念和技能讲。教会学生如何自学，他们就知道把以前没学到的知识补上了。”我们接受了她的建议，惊奇地发现效果奇好。我们没有把教科书分成几个部分，主观决定每一种新的技能该花多长时间掌握，而是列出了一个单子，写出自己想教的内容，从最重要最基本的技能开始。比如说，我们的数学老师必须重新教数轴和正负数。最初我们有点紧张，但学生们都知道如果需要帮助，我们就会把节奏慢下来。在学生特别感兴趣的地方多花一点时间，他们便会更加努力地完成一般难度的任务回报我们。在英语、历史和计算机课上，我们的学生和其他班的学生表现一样好，而数学方面则超过了那些班级，得到了更高的分数，而且他们的进度也比那些班快。

这些学生提醒了我们常常忘记的事实：在一个学年里，学生能够学会的会比我们要求的多得多。如果我们慢下来，帮助他们填补知识基础的空缺，如果学生相信我们总是会考虑他们的利益，他们就会加速学习，远远超出我们设置的目标。

十一、孩子眼中没有无心之语

有时候我们没意识到儿童（甚至是大一点的孩子）对一件事是多么容易留下深刻的印象。我们忘记了那个年纪最微不足道的痛苦也是刻骨铭心的，最小的胜利也能让自己狂喜不已，而从一个仰慕的成人那里获得的评价会造成多么深远的影响。有一天上课之前，几个足球队的队员正在吹嘘他们最近取得的胜利。我注意到一个叫肖恩·坎贝尔的男孩红着脸，局促不安地看着这些队员在一群倾慕他们的女生和男生面前开玩笑似地相互调侃。肖恩很瘦，可以说骨瘦如柴，他总是打翻东西或者被自己的鞋带绊倒。当一个球员自诩在65码外触地得分，肖恩叹了口气，望着窗外。我在教室绕了一圈，走到肖恩面前。

“我为你感到骄傲，保罗，”我对那个触地得分的队员说，“但我希望你离开学校以后也能取得各种各样的成就。我不希望你是那种16岁处于人生顶峰，之后便一路下滑的人。”

“我没事，”他微笑着回答，“你知道球探已经开始找我了。”

我看着肖恩，肖恩看着保罗。

“你是那种将来会达到顶峰的人。”我轻声对肖恩说。

“是的，我也是这么想的。”肖恩说道。他的脸窘得通红，但坐得稍微直了一些，再也不盯着保罗和他的明星伙伴若有所思了。我很高兴帮助肖恩增加了自信，随后我沿着看热闹的人留出的过道慢慢走回我的桌子。

在教室较远的一角，我经过一个非常害羞的女孩的桌子，她叫玛西·布莱恩特。我停下来笑着对她说：“你也是，我想你是一朵迟开的花儿，但盛开时一定艳丽夺目、傲然绽放。”

玛西害羞地捂着脸，别人看着她时她总是这样。我不想再让她感到尴尬，于是赶快和其他学生闲聊，最后回到了教室前面。

后来我几乎忘记了这件事，一直到几个月后的家长参观会。等到参观会快结束的时候，肖恩的妈妈走进我的教室，并作了自我介绍。我伸出手和她握手，她却用两只手紧紧握住了我的手，一直没有松开。

“我想谢谢你对肖恩说的话，”她说道，“他说是你告诉他，他将来会达到顶峰，不必担心自己现在是不是最出色的运动员或者最受欢迎的人。你真该看看他跟我说这些话时笑得多开心。从那以后他就像换了个人似的。你改变了他的生活，我真不知道该怎么感谢你。”

坎贝尔夫人的话让我大吃一惊，我就站在那里，傻呵呵地笑着，直到她离开教室。我完全忘记了那天的事，但是肖恩记得。整个晚上我都像是躺在一朵幸福的云上一样。这样一件事可以让一位老师好几个月都动力十足。但正当我要关灯锁门的时候，玛西的妈妈在门口张望着往里看。

“我来打招呼是不是太晚了？”她问道。很多孩子都努力不像自己的父母，但玛西绝对是她妈妈的女儿。我把布莱恩特夫人请进屋来，示意请她坐在一个学生座位上好和我交谈。

“哦，我不想占用你太多时间。”布莱恩特夫人说道。她两只手紧紧抓住自己的手提包，我感觉她差点就把包举起来挡住脸了。

“我只是想谢谢你，”她说道，“玛西告诉我，你说她是迟开的花朵，有一天一定会绚丽绽放。她说到这里的时候哭了，我们都哭了。她曾经担心自己长大以后会是什么样，但现在她不再担心了。现在，她是一个快乐的孩子。”

我什么都没说，因为我知道一张口我就会哭出来。我只是朝布莱恩特夫人微笑着点点头，她则低下头，快速地走出了门。

肖恩的母亲和我谈完之后，我承认自己有点沾沾自喜。但是当玛西的妈妈离开后，我开始觉得有一点害怕。两个学生都认为一次持续不到10秒钟、几乎被我遗忘的谈话改变了他们的生活。如果真是这样的话，还有多少我不记得的谈话呢？我有没有说过给孩子造成负面影响的话，就像那些积极的话一样影响巨大？我尝试回忆自己上次由于上课时太多人讲话、削铅笔，或者咯咯笑，或者写小纸条而失去耐心或气急败坏的时候有没有说出什么太难听的话。我没有想起自己可能给出的负面评论，但也忘记了“迟开的花朵”那些话。

那天晚上关灯锁门之前，我在一张卡片上给自己写了一句话，并把它贴到我桌子的最上方作为提醒，这句话是：

小心！你每天说的每句话都可能被永远铭记于学生心中。

讨论思考题

① 你的教学形象是怎样的？它与你的个人形象有何区别？

② 什么是你的可选议项？你曾经的老师有什么可选议项？

③ 对于来自与自己不同文化或种族背景的学生，教师如何高效地与之建立融洽关系？

④ 你会如何设计评估工具去准确公正显示学生个人进步？

⑤ 当备考与你认为应安排进课程的活动和教学内容相冲突时，你会如何权衡主次?

⑥ 分享一些你孩提时老师对你的评价。为什么你会记得那些评价?

Chapter 4

The Big Three: Preparation, Preparation, Preparation

第 4 章

老师的三个首要准则是：准备，准备，再准备

获奖的房地产经纪人把“地点，地点，还是地点”列为成功的三个首要准则，而成功老师的三个首要准则则是“准备，准备，再准备”。如果不提前把鸭子排列成队，你会发现自己整整一年都要应付离队的鸭子。因为一旦学年开始，即使最有经验、最优秀的老师也会发现自己在教学的跑步机上不得不高速奔跑。如果在开学之前花几周时间把相关事宜准备就绪，那么你会发现，这样做除了会让你在以后节省不少时间和精力，还可以让你把注意力更加集中在这份愉快工作最具挑战性、最有趣的方面——那就是你的学生。

你需要准备一些设备和办公用品，因为很多学校的经费有限，或者越来越少，所以办公用品可能相对稀缺。一旦签了当老师的合同，就可以让某个朋友或亲戚给你举行一次即将成为老师的庆祝派对。你可以提供一个建议性的礼品单：文件夹、储物箱和垃圾桶、便携式书架、彩色记号笔和绘画用品、海报板、手工纸、剪刀、胶带、订书机、铅笔、钢笔、长尾夹、关于青少年教育的出版物、儿童读物、青少年读物、字典、笔记本活页纸、彩色打印机纸等等。如果你的朋友和亲戚都有工作，而且都很慷慨，你可以再加一些大件儿，比如房间里用的空气清新器、带CD 播放功能的收音机，或者数码相机。不要不好意思，你不是在为自己索要礼物，你是在要求大家捐献爱心，帮助你教育好我们祖国未来的花朵。人们会很愿意做贡献的。如果你定期给他们发一封邮件，或者打印出信件，汇报你的学生取得的成绩，他们会更加高兴的。有一种特别感人，甚至能让捐赠者激动落泪的方式就是让充满感激的学生亲手写感谢信。

一旦你有了办公用品，接下来从哪里开始呢？我建议做一些列表。我建议把需要准备的东西列成三个表，分别是：我的教室、我的资料和我自己三个类别（参见P114示例4.3“三个检查清单”）。在这一章里我会和你们分享这些列表，我相信它们能为你制订和安排有序的计划提供一个良好的开端。

一、准备教室

我总把上学说成是学生的工作，而且总拿上学和上班取得成功所需具备的一致性因素作比较。不管是从事何种职业，环境都会影响到你工作的舒适程度和效率，与他人的交往都会影响到你工作的速度和准确度。你是一个成人，如果对自己的工作不适应不满意可以有多重选择。但老师创造什么样的课堂环境，学生只能被动接受。你的课堂环境可能是充满了积极合作、热情主动的学生，或者全都是一群漠不关心的局外人和牢骚满腹的抱怨者。要想建立一个生动的课堂环境需要具备四个基本要素：感官细节、座位布置、办公用品和储备以及学生信息。

1. 从教室装饰到音乐、空气清新等细节安排

孩子们比成人更容易被周围的感官元素所吸引（或干扰）。在课堂上，人的五种感官中至少有四种需要发挥作用或受其左右，因为学生会通过看、触、听，甚至通过闻来对你的课堂做出反应，而且常常是很强烈的反应。你可以做很多工作（根据你能使用的有限设备和资金）来处理课堂上涉及这四个方面的因素，努力创造一个功能性强、舒适温馨又充满灵感的环境。

声音和味道是最容易改变的，所以我们可以先解决它们。如果学校由于交通、空调和取暖系统、墙壁薄，或者学生吵闹造成很多噪音，你可以在上课之前及课间播放一些舒缓的音乐，以求闹中取静。科学家们已经反复证明音乐可以鼓励（古典音乐）或影响（重金属乐）人思考，古典音乐可以提高人的智商测试分数。可以使用古典轻音乐、爵士乐，或者能促进人冥想的音乐，来充分发挥学生对曲调和节奏的内在领悟力。

如果学生第一次走进你的课堂就听到了音乐（他们一定会注意到这个的），许多人会说出自己的看法。你可以抓住这次机会教他们如何做智慧的评论家。如果他们批评你选择的音乐，那就让他们多听一会儿，然后清楚说出对音乐的理性意见。有些学生会拒绝听那种没有尖叫、咆哮或震耳欲聋的鼓声的音乐，但如果你让他们尝试一下古典乐，每天听上几分钟，他们很快就会习惯的。（如果大多数人都反对你的音乐，那也不要去与他们争执。把音乐关掉，礼貌地告诉他们你觉得很遗憾，因为他们不喜欢你的实验。不要再提这个话题，马上进入下一个学习内容。学生们很有可能

改变想法，决定可以稍微再听听你那“糟糕”的音乐。）我认识的一位老师，花了好几周时间说服她教的初中生在上课前和考试的时候听轻音乐。不久，学生们就开始抱怨说如果考试的时候不放音乐，教室里就显得太安静了，其他的声音太吵了。

音乐也是促进学生参与、增加学生学习动力的有效工具，但如果你放电台音乐，肯定会有学生问能否让他换个电台，听一些流行歌曲。如果你的目标是建立一个环境安静的课堂，那我建议你还是要掌握对音乐的控制，但也要播放一些学生们喜欢的音乐，或者在一节课快结束时给学生五分钟听音乐的时间，条件是在这期间任何人不得打扰别人，而且要完成老师布置的任务（你需要想出一种循环选择的系统，否则会完全被几个学生控制）。我曾经遇到这样一批学生，即使最不爱读书的学生也同意读晦涩难懂的小说，就是为了在课堂最后几分钟时间听他们那种恐怖、吵闹、大喊大叫的“真正伟大的音乐”。

现在我来谈谈气味，它是学校里不可分割的一部分。如果你闭上眼睛，让鼻子放松，回想过去，我打赌你至少会记得一种上学时的独特气味。我最强烈的味觉记忆就是新书的味道，我一直都很喜欢它的味道。但并不是学校所有的气味都是令人愉快的。事实上，一个教室里二三十个热乎乎的身体，许多快要穿破的球鞋，好几升带香味的个人卫生用品，粉笔灰或者可擦记号笔，清洁人员所用的工业强效清洁剂的残留味道，还有旧书本的味道，最后可能造成一个气味很不好的教室。

幸运的是，气味是教室里最容易控制的方面。但是购买一台不错的空气清新器可能至少需要你从自己口袋里拿出30美元，除非你可以找到当地的商家来赞助，或者你所在部门的预算中包含了给老师用的少量费用。虽然你得从少得可怜的工资里挤出这个费用，但你的投资会有回报的。你的教室不但气味清新，而且你会发现在敏感季节里不会有学生擤鼻涕。如果你买带紫外线光的空气清新器，它还可以杀死流感季节教室里聚集的许多病毒。

在购买空气清新器之前要做一番研究。新一代负离子或有紫外线放射功能的清新器被蒙上了一层都市神秘感。负离子只有产生的量过多时才会有害，一般新购买的清新器都有内置控制装置。如果负离子清新器产生的负离子量适当，你教室的空气会非常清新，宛如户外。但如果你闻到了一种刺鼻的臭味，就应该调整一下，减少负离子的量了。作为空气过滤器的紫外线光没有达到伤害人眼的程度，也不会有辐射，并且能有效杀死空气中的病毒和污染物。

现在我们要解决你教室内的感觉问题。在外面走一走，然后再进教室。注意一下教室里是暖还是冷，灯光是否过于明亮而导致桌面反光了。墙的颜色是暖色调吗，还是刷成了难看的工业灰，或者为了遮盖脏的地方而刷成浅棕色？（我知道，我知道，刷教室不是你的事。但如果你创意很多，会有解决办法的。）如果你决定重新刷，那就考虑买一种不会释放有害气体的油漆，它们被称作低挥发性物质油漆。你可以在网上了解一下，或者咨询商家或懂行的教职工。

你的教室吸引人吗？是一个你愿意每天在那里坐好几个小时的地方吗？到处走走，去别的教室看看，对比一下别人教室和你的教室有什么不同。然后看你能否获得什么让教室更吸引人的办法。如果教室里空气污浊、温度过高或过低、穿堂风太大，那就去找学校的维修负责人，求得他的帮助。有些学校关于在何时使用空调取暖或制冷的规定很不灵活，并不顾及当地的天气情况。有一些教学楼有中央通风系统，不允许某间屋子设置不同。但如果你解释一下，说自己是为学生着想，你想让教室更加舒适，那些专业维修人员可能会有办法帮助你。我的经验是当他们的知识和训练得到认可时，他们也会很感激你。而且如果你用尊重和耐心的态度去寻求帮助，他们会很乐意帮助你的。

当然，你的教室看起来应该很吸引人，而且很有趣。除了标准的海报、地图和杂志文章，可以把你以前高中时代年鉴上的照片揭下来，你小时候的成绩通知书副本、学生的家庭作业、六七种不同的日历、饭店的菜谱、电影院的节目单、笑话、旗子、标语、多姿多彩的可移动物品、植物（不管是真的或假的），还有运动员纪念品，这些都可以作为教室的装饰品。想一下你喜欢的餐厅——装潢和食物没有任何关系，但我们仍然喜欢坐在气氛怡人或有意思的环境里。在你教室的某个角落放一棵假的椰子树、几个坐垫，孩子们会争相跑去坐在那里读书。（这么做不要去征求许可，先斩后奏。如果遇到了麻烦，就拼命地道歉。如果你可以证明由于装饰改变了，你的学生表现更好，分数也提高了，行政人员很可能同意让你保持这些装饰。）

你的教室里有吸引人眼球、供那些偶尔需要白日梦的学生去想象的东西吗？有研究可以证实许多老师凭借直觉感觉到的规律：即使学生听课并不专心，但他们还是在吸收你在周围墙壁上粘贴的信息。引用一些激励人的名人名言尤其有效。有一些书籍专门收集了值得记住的名人名言，所以你一定会找到适合你学生的内容。

2. 布置座位，巧妙传达讯息

学生的座位布置对学生的学习动机、行为、同学间的互动以及与老师的互动都有巨大影响。教室的形状和大小会使你的选择受限，但不管你选择哪种布置方式，有两点需要首先考虑：视线和接触。坐下来的时候学生必须能够清楚看到黑板、不同投影仪使用的幕布、电视或者摄像机显示器，还有时钟。你必须能快速而轻松地看得到教室里的所有学生。如果在布置座位的时候能留出宽敞的过道，让你可以触及每一位学生，你和每位学生之间的距离都不超过两个人，这样会大大减少纪律问题。

在小教室里如果想轻易接触到每一位学生可能不是一件易事，特别是在狭窄的活动教室里（我认为这种教室应被定为违法）。在较小的教室里，你可能需要分出三个甚至更多区域才能布置出只有三排的座位。布置之前，先在纸上列出几个不同的想法。如果空间太小，你可以考虑去掉自己的桌子；如果又大又宽敞，就多放几个储物架和文件柜。可移动的小电脑桌和小工作台可以使你更有效地利用空间，而且一旦决定重新安排，随手就可以移动它们。

在座位布置上心理因素起着重要作用：一张圆桌说明所有的学生地位都是平等的，长方形的桌子在一端会放把椅子供领导坐，大桌子两边面对面摆着椅子有利于交流和讨论，椅子排成面对讲台（想象电影院里的座位）可以清楚区分开讲话人和听众。

你可以用排座心理学向学生传达讯息：长长的一排座位说明你的教室是传统风格的，纪律管理和规定严格；排成一个大圆或者有圆心的半圆发出的信号也不同，一般都暗示你期待大家进行小组讨论或者得到其他学生反馈；几套桌椅摆放在一起会提醒学生准备好参加非正式练习、小组活动或团队练习。

我会利用排座心理学为不同的活动做不同的布置。在教室里如果想避免学生面对面直视对方是很难办到的，但我也学会了解决这个难题的办法。在一个拉帮结派很严重的学校里，男生和女生都会用眼神瞪那些坐在他们对面的人，如果想把桌子对桌子摆，那就把桌子转一下，让他们稍微有点角度面对彼此，这样就可以消除这个问题。你布置得是否有效很容易判断——坐在前排一个学生的座位上，如果你的视线与另一个同学的视线完全在一条水平线上，那就变换一下桌子的角度，让你的视线正前方是一张桌子或者一面墙。

只有碰到重要考试的时候我才会把桌子排成横排，都面向同一个方向。我不喜欢摆成很长的一列，除非是考试。学生们坐成六七个人一列的时候更容易表现不好或者溜号，因为不管我站在哪里，总有几个学生离我很远。更糟糕的是学生们没法听到或看到彼此，坐在前排和后排的学生听不到彼此在课堂上的发言、提问或者回答。上课的时候学生大声朗读课文时每个人都听不太清楚，因为朗读的学生要么是对着空荡荡的前方，要么是朝着其他同学的后脑勺。这不利于创造一个学习、参与和讨论的动态环境。

如果教室里有明显标志说明前后（黑板、白板和投影仪幕布永远都安装在同一面墙上），我最喜欢的布置方式是稍做修改的半圆形或者U形（见图4.1）。这样每个人都可以清楚地看到前方，而

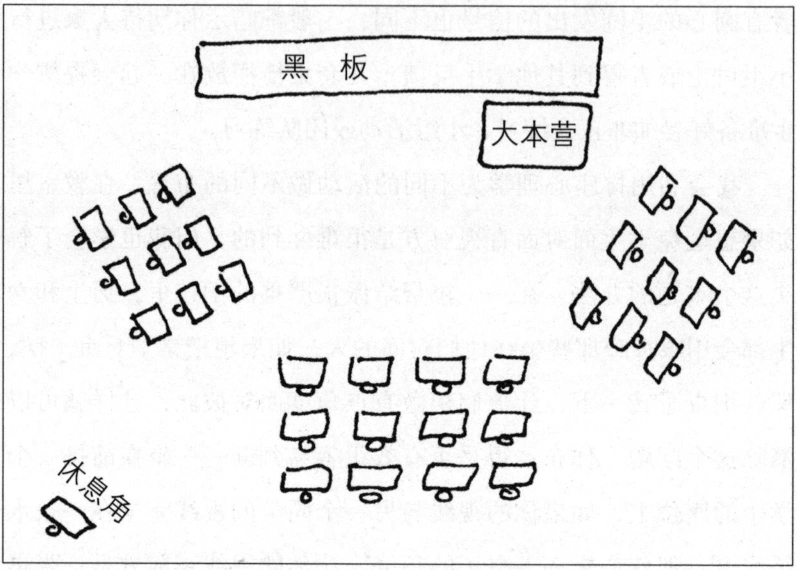

图 4.1 摆成 U 形座位

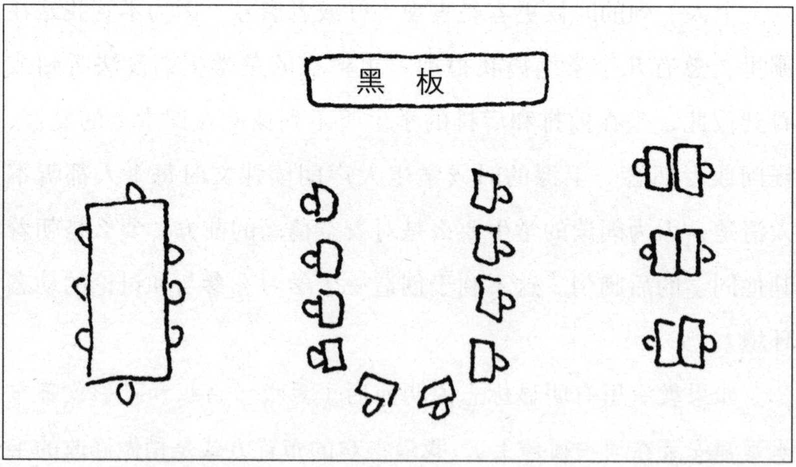

图 4.2 灵活的座位摆放方式

且能让我快速轻松地接触到所有的学生。或者采用灵活的摆放方式，把工作台和学生课桌摆在教室的两边，中间是半圆形的教学区域。（见图4.2）

灵活的摆放方式经过调整可以适用于各种形状和大小的教室，方便小组直接教学（direct instruction）和独立或小组学习同时进行。对于那些喜欢分开教学和安排学生独立完成作业或项目的老师来说，这是最兼容的座椅摆放方式。教师在教室中间进行直接教学时，独立完成功课的学生们可以坐在教室一边。

进行小组活动时，我会视情况把桌子摆成三四个圈。我会努力把各组分开，让大家进行私下讨论，减少其他小组带来的干扰。有些老师让学生布置桌子进行小组活动，这可以顺便让学生锻炼锻炼身体；另一些老师发现，让学生搬桌椅太吵太乱，而且用去了宝贵的活动时间。无论哪种情况，这都是一个绝佳的机会去教学生们准备小组活动所需的程序。

如果一间教室没有前后之分（相对的两面墙上都有黑板或者幕布，或黑板和幕布一边一个），我会利用两个半圆排列（见图4.3），所以在从一边转到另一边时，不会挡住某些学生的视线，也不必重新安排学生的桌子。

等我担任“教育女王”以后，移动式教室就会被定为非法，但现在我们只能将就着。拖车式的教室最大的问题是视线问题。如果黑板和幕布在一面墙上，一些学生会不可避免地坐在无法看清的位置。如果黑板和幕布固定在一面墙上，我建议你去找后勤人员，让他们提供给你可移动的黑板和幕布，特别是如果你教的是数学或其他理科科目。如果你让学生的座位一字排开，对着墙上

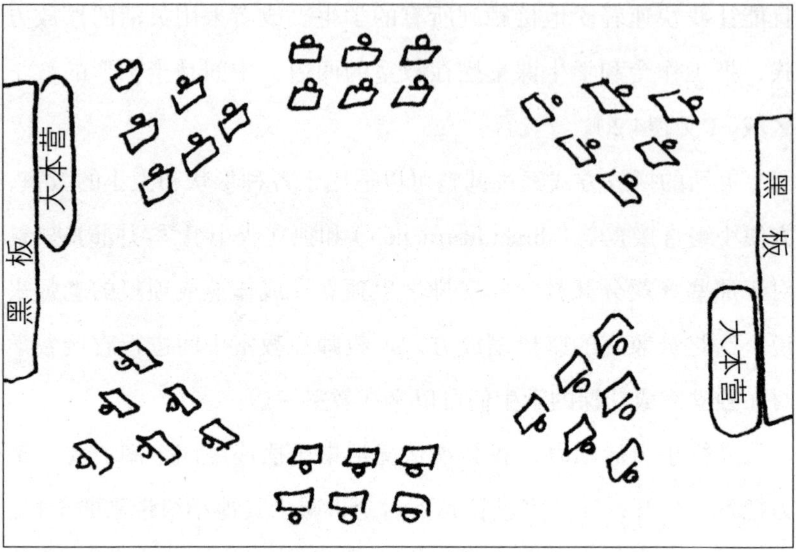

图 4.3　双半圆形座位摆放方式

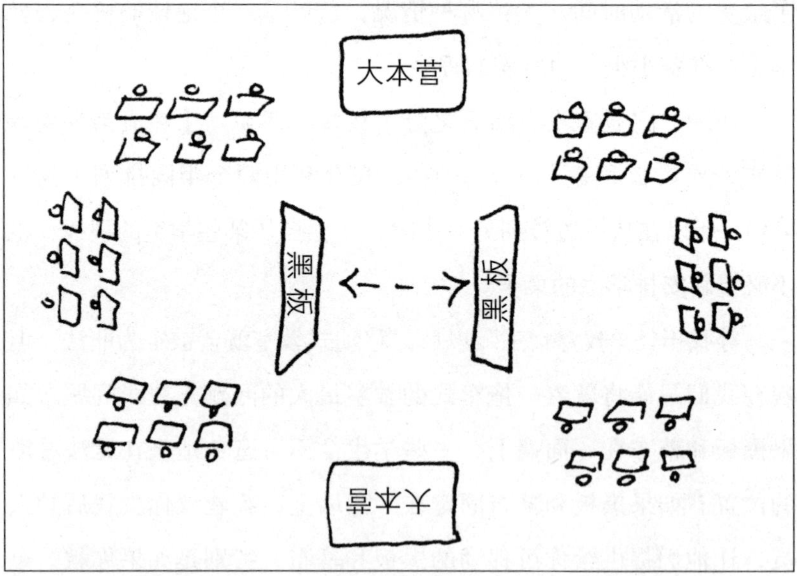

图 4.4　移动教室座位摆放方式

挂的黑板，你最后会把所有的学生都挤在一个狭窄的空间内，两端的学生就看不太清楚了。

我进行拖车教学的方法是把学生分为两组，每一组在拖车的两边（见图4.4）。一组学生在座位上独立活动的同时，我让另一组学生使用上方的投影仪和白板（轮流为每组移动幕布和白板，确保所有的学生都能看得到）。虽然我不得不把同样的课上两次，这样做却可以顾及到所有人，尤其能帮助那些分析问题比较慢的学生。如果有必要就让他们跟着两个小组听两遍课。

布置座位还有其他许多选择，包括去掉一半座位，使用会议桌、工作中心、靠垫、扶手椅、蒲团等。甚至即使你出于某些原因只能使用某一种座位摆放方式，你仍然可以就这一方式做些小的变化。我曾读到一位教师让学生从一个活动过渡到下一个时很困难。她的解决方法是：让学生将桌子快速转90或180度角，这样他们可以以不同角度面对墙壁。这种简单的视觉上的转换帮她的学生们将关注点转换到新活动上。

座位布置要注意的最后一点：你是否应该绘制一张座位表？有些老师极其推荐，而有些学生则对它深恶痛绝。按照字母顺序排座一度很受欢迎，有助于老师记住大家的姓名和点名，或者组织要求学生站成一排的集体活动。按字母排序安排座位对老师来说很有帮助，特别是在教年龄很小的孩子时，但是这样的安排会对年龄稍长的孩子造成不利影响。有些学生每次排队总是在后面或者前面，多年之后就会变得很恼火，或者漠不关心；而有的学生被迫和与自己性格不合的人年复一年地坐在一起。在初高中时期，性格矛盾会导致极为严重的行为问题。除非你的学生年纪小或你已经了解他们和他们的性格，否则我建议你一开始时不要使用座位表。

当学生第一次进教室且被允许自己选择座位，你会发现，一些学生直奔教室后面的座位去了。一些学生喜欢过道的座位，就像在飞机上一样。还有一些学生选择离教师讲台尽可能近的座位。并非所有选择靠后坐的学生都是麻烦制造者——一些人如果有人坐在他们后面精力就不能集中。坐在教室边上的学生可能在私人生活中有逃离的欲望或需要。当他们感觉被困住，精力往往不能集中。坐在前排的学生可能有听力或视力问题——或者担心坐在曾欺负或打扰自己的人旁边。所有这些信息可以帮你更好理解你的学生，有助于你在设计活动和课程时做出更好的选择。当学生对座位安排感到舒服，他们往往更乐于合作。这样做的另一个好处是你可以将之作为一个得力的权力工具。如果学生违纪或搞破坏，你可以警告他们，如果不改正错误，你将不得不制作座位表，这样他们就失去了坐在好友旁边或自己喜欢的位置的权力。如果他们还没有形成足够的自控力去改善自己的行为，那么暂时安排一下座位对他们会有帮助。当他们的问题改正了，你可以允许他们再一次自由选择座位，作为对他们的一种考验。这可能需要两三次的尝试，但如果你使用座位表当作一种学习工具而不是惩罚手段，对于学生自控力和自我监督能力的形成会有帮助。

如果你学年或学期一开始必须使用座位表，我建议你在课桌上贴上学生姓名，这样就省去了学生来回调换座位的麻烦和混乱。如果学生对座位安排有异议，让他们放学后而不是下课后来找你，因为如果放学后他们依然想要调换座位，那他们可能已经经过了深思熟虑。他们可能不想坐在曾经欺负自己的人旁边，或以前的朋友旁边。一些学生可能不想坐在好朋友旁边，担心影响听课。

3. 建立教师的私人区域

选择一个地点作为你的大本营——上课之前下课之后，以及活动间歇你回到的位置。你可以选择把办公桌放在你的大本营，或者把讲台安放在那里，存放每天上课所需的材料，办公桌则放在别的地方。如果你把办公桌作为大本营那就要做好充分准备，除非标出自己的地盘，严格执行不得入内的规定，否则学生会把你的办公桌团团围住。因为他们是小孩（甚至十几岁的青少年也会表现得像个孩子），对你办公桌里面、上面、周围、后面的一切东西都好奇。他们会坐在你的椅子上旋转或摇晃，会打开抽屉看看里面有什么，会摇晃你的钥匙链，打开你的钱包或者公文包看。许多老师都把办公桌设在不容易进入的地方，主要是因为学生的好奇心太强了。课间休息时教师会坐在工作台或者小桌子旁，让学生远离他们的桌子和那些诱惑。

有些老师喜欢把桌子放在教室里距离门口最远的角落，有些老师则喜欢把文件柜和必需品架放在最偏僻的角落里，但是把办公桌安排在门口，这样可以很容易监视学生们的一举一动。不管你选择怎么安排，都需要设置一个地方放机密文件、学生成绩册、考试卷子和教学大纲，而且要严格禁止学生们靠近。如果有必要就挂个牌子，警告学生们不要碰。如果有学生对警告视而不见，你就要迅速而严厉地采取行动。这时候你需要在大家面前批评这个人，否则你会传递给学生错误的信息：如果他们偷窥乱翻，你也不是真的介意。

即使你的桌子不许人靠近，如果有好使的锁和钥匙，也要把一切可能被扔掉、溅上水或者可能错发给学生的曲别针、橡皮筋、胶带或大头针等东西锁起来。特别要小心黑色的记号笔，它们对孩子有着无法抗拒的诱惑力，会比其他用品消失得更快。如果你的办公桌没有锁，或者你不想总惦记着钥匙，就买一个带结实碰簧锁的塑料盒，把多余的订书钉、曲别针、橡皮筋和记号笔等放在里面。

这两种布置我都尝试过——把桌子当作是自己的大本营以及把办公桌定为私人物品存放处，上课的时候用讲台。第二种方法更适合我，我上课不会待在讲台上，我总是四处走动。但讲台可以限制我的活动空间，强迫我必须组织有序，快速地从一个活动转到下一个活动。每天早上我都把课程计划和必要的材料放在讲台上。在活动时间和课间，我可以快速回到办公桌那里。但是如果学生们都还在教室，我会一直待在讲台上，这样方便他们问问题，或者寻求我的帮助。

我自己的办公桌是绝对不允许学生靠近的。我的办公桌正对着房间的一角，椅子后面是一个文件柜，放着学生记录、考试成绩和其他绝密材料。办公桌的一侧紧挨着墙，这一侧无人能通过。桌子的另一侧有一把供访客使用的座椅，剩下的空隙只够让我走过去，回到我的座位上。我在访客座椅后面布置一个电脑工作台、文件柜或者书架，只留下一个小入口进入我的私人领地。这种布置在我的私人空间和教室其他区域之间建立了一个屏障，强化了我不许别人擅自入内的规定。（见图4.5）

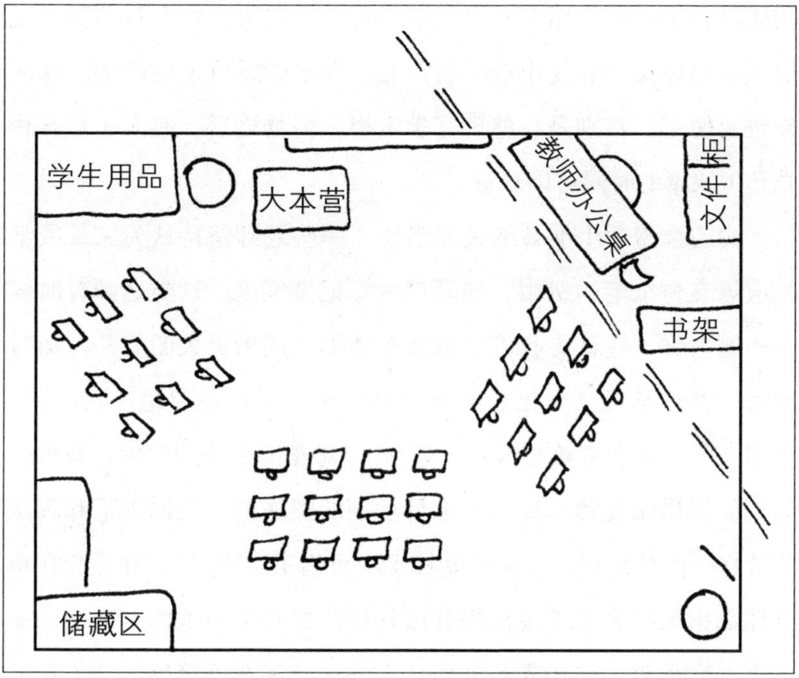

图 4.5　建立私人空间

4. 准备好办公用品和学生用品

一旦你安置好了办公桌和储藏区，找一个小架子或者桌子存放学生用品。让学生用品的桌子离你的大本营近一些，这样可以随时观察学生使用这些物品的情况，并及时补充。学生用品可以因学生的年龄和你所教的科目而异，但我建议每个教室都要有这些用品：一盒纸巾、一瓶洗手液、一个小镜子（小孩的眼睛里很容易进东西），还有一盒创可贴。如果你不想全年都提供洗手液，我建议在感冒和流感多发季节考虑提供。告诉学生在打喷嚏或者用纸巾擤鼻涕之后使用洗手液，尤其要提醒感冒了的学生。课间你也要使用，特别是在整理完学生捐款捐物之后。有人（包括你自己）缺席的时候可以减量。

我还会为学生准备纸张和铅笔。一些老师坚持认为家长或学校应该支付纸笔的费用，如果学生忘记带笔了，这类老师有时候会小题大做。我认为我们应该保存体力，用于更大的战斗。随时准备一些带格的活页纸，再准备10支独一无二的铅笔（闪光的、带圆点的，或者带雕刻的花纹等等）。对年龄稍长的学生，我也会为他们提供10支独一无二、容易辨别的圆珠笔。我把铅笔和圆珠笔放在一个笔筒里，上面贴着标签“可借书写用具”，并且会在每堂课都指派一名学生担任用具保管员。保管员的工作就是确保在学生离开教室之前10支铅笔和10支圆珠笔都在笔筒里。这工作可能看起来不起眼，但如果你不这样做的话，你的铅笔和圆珠笔很快就会消失得无影无踪，孩子们很容易忘记自己借过的书写用具。但如果学生们忘记带笔了，他们会很庆幸自己能借到笔，而且不用浪费时间就能安心开始学习。

如果你坚持认为学生应该带自己的用品，你也确信他们的家里都买得起，那就把纸卖给你的学生，或者把书写用具租给他们使用，用这些钱来购买更多的用品。但我会考虑究竟值不值得因为铅笔、圆珠笔或者纸的事浪费时间精力去和学生计较。许多学生每天都“忘记”带笔，只是为了担搁学习。每天上课我们有很多机会教孩子们如何担负责任。

接下来要在用品柜（或者买一个大的塑料杂物桶）准备垃圾袋、

创可贴、万用药膏、一次性手套、一次性无菌抹布、纸巾、扫帚、簸箕。如果孩子把教室弄得很乱，除非他们年龄太小，否则一定不要为他们打扫残局，让他们戴上手套自己收拾（我知道这些东西学校应该提供，但是如果学校不提供你也要自己去买）。

在学生用品桌的纸巾盒旁边放一个杂物篮，在教室门口也放一个（如果有必要你就自己多买一个，这样教室会干净许多）。如果杂物篮摆放的位置恰当，学生们会更愿意用它们。

5. 及时做学生信息板

你可以训练自己的学生每次进教室的时候到某个地方去看一下信息。比如说，如果你在黑板或者白板右上角留出一个位置专门用于记录每天的课程安排，一定要确保每天在学生进教室之前就写好，这样就不会在你准备上课内容的时候有早来的学生不断追着你问“今天我们要做什么”。学生进入教室后，如果问你今天有什么安排，你可以微笑着指指黑板，他们很快就学会自己去找了。

一定要确保把课程安排贴到每个人都能看到的显眼地方。如果你是个做事有序的人，可以选择为活动列出具体细节和具体时间。我更愿意把课程安排得灵活些，以防发生无法预见的情况。有时候我觉得是挺有挑战的任务，学生们却得心应手，很快就完成了；有时候我觉得很容易，可是学生们做起来却觉得很困难。所以我列了一个大概的活动清单。周一的安排可能是：独立阅读、拼写测试、词汇复习、写日记。另外一天的安排可能是：课文56～63页、课文练习题、小组讨论。一般我会在头一天晚上下班前把第二天的安排写好，这样即使到校很早的学生也能看到第二天的活动内容。有些学校要求后勤人员负责擦干净所有的黑板，所以如果你把日程安排写得太早，一定要告诉后勤人员不要擦掉。

另一个办法就是买一块便携式可擦白板，用记号笔写课程安排，把它放在学生用品桌的上面。如果白板够大，你可以考虑把今天的课程列个清单，简单说明前一天和后一天的安排，供那些缺勤和喜欢预习的学生作参考。

每日课程安排可以帮助学生集中注意力，但有些人想看整体安排。我利用布告板或者大张的工程纸来做一个足够大的课程日历，把它高高挂在墙上，以便让所有人都能看清楚。我把所有的假期、复习、测验、考试以及特殊的事件都用不同颜色的记号笔标注出来。

课程日历可以减少学生对不知道要考试的抱怨（不管你宣布了多少次要举行考试，还是会有人忘记），还可以让那些觉得一学期很漫长的学生看到学习进度。你的日历还可以作为一种激励工具。我成功运用的一个技巧就是，如果哪天我不必叫某位同学不要扰乱大家上课，就会在日历上的这一天贴个五角星。如果哪个小组得到了15颗星，我就会给这个小组的学生一些奖励，比如15分钟自由活动时间，做像猜字谜游戏这样的益智类游戏的机会，或者是带全班同学去图书馆阅览30分钟。使用星星去激励学生的唯一不足在于你需要为每个班设立独立的日历。但独立设立日历可以鼓舞一个班的学生更加努力，以免落在别的班后面。尽管我不喜欢残酷的竞争，但我认为只要学生不把这一过程变为相互侮辱的手段，积极的同伴压力是有益的。

6. 树立纪律规则

也许你在想自己应该把规定都列成清单贴在墙上，让大家都看到，提醒每个人该如何表现。我建议不要使用这种规定清单。小孩都知道自己该如何表现，除非他们在上幼儿园或者小学一年级。因为他们已经上学了，而每个老师都至少有一条规定，而且大部分都有这种清单，有些人的清单还不可思议地长。坚持你的规定清单，但是不要挂到墙上提醒学生如何表现，不要第一天就大肆讨论规定，即使你的上级要求你第一天上课就讲清楚课堂纪律。等到学期开始一两周以后再去讨论，以免有新来的学生或者有学生换班。在发给学生的纸上写欢迎辞，列出最重要的规定，让学生知道你会等到将来大家互相了解以后，而且确保每个人都会留在这个班级的时候再深入讨论相关规定。

二、准备材料

现在你的课堂赏心悦目，空气清新，学生用品也安全保管好了，学生座位布置合理，让你轻易就可以走到任何一个小可爱的身边，他们马上就要坐在那里，向你学习知识，寻求启发。现在你该准备好各种材料，在门口铺上垫子，欢迎学生的到来了。

一个做事无序的老师会因为准备材料而忙得不可开交。你可以采取很多措施防止此类情况发生，通过建立可行的文档系统提高效率，节省大量时间。你周围的人会给你一定的指导，但我想向你建议一些让我受益无穷的技巧。

1. 在桌子上放一个文件筐

在桌子上放一个足够深的文件筐，至少能够放100页纸或者30页学生报告或文件夹，明示学生把要给你的所有东西都放到筐里——而不是桌子上、椅子上或者文件柜上面（如果东西太大，文件筐装不下，那就必须亲自交给你）。同时执行一个严格的政策，如果任何人动筐里的东西，都是“重罪”，即使拿的是自己的作业或文件夹也是如此。如果学生不得不从筐里取东西，必须请求你协助，这样做的目的是保护其他学生的隐私，避免重要文件错放、乱放或者丢失。每个课时结束后，把文件筐里的东西全部收起来，放在对应颜色的文件夹里，以待有机会整理批改。

2. 使用每日课程文件夹

为每个课时或每个科目，准备一个颜色鲜艳的文件夹，用于存放每日课程计划、需要批改的作业、批改完毕的作业以及给学生的个人评语。如果你需要把作业带回家批改，就塞到这个文件夹里（如果你教多个班级、多个科目，就把文件夹放在只供这个目的使用的文件袋中）。在家里批改完作业后，把作业放回文件夹内，再把第二天的课程计划和备课笔记放进去。这样所有东西都在一个特定的地方，方便取用。

3. 准备自己的紧急计划

意外和疾病时有发生，就像火灾、地震和其他灾难一样。你所在的学校会有关于演习或撤离的紧急步骤和指导手册。把这些相关信息放在一个三孔的活页夹内，该活页夹应该有个装文件的口袋和装笔的地方。在活页夹里放一份点名册，还有你自己的联系信息（地址、电话号码、姓名和一个亲人或朋友的电话号码）。一旦发生紧急情况，或者是上级组织演习，拿起活页夹，带着学生到安全地带。万一你被临时叫走，教导主任也可以轻松找到信息，联系你的家人或朋友。

4. 准备代课老师文件夹

如果临时无法上班，准备一份点名册和三天的教学计划。如果你事先知道自己要请假，可以选择提供一份紧跟当前教学进度的教学计划，附加相关的活动。但要注意并不是所有老师都是一样的。有些老师会一字一句按照你的教案来教学，但是有些会什么都不教，或者自己准备教案。

有一次我患流感生病，头一天晚上到学校写出了详细的教学计划，供高一英语补习班教学使用，计划就是阅读《罗密欧与朱丽叶》。这些学生都不爱读书，他们同意读是因为我答应他们读完之后看电影。我把页码、练习题、日记作业，还有读后感练习题提供给代课老师，我特别嘱咐她学生们读完整本书后再让他们看电影。三天后我回来，发现这位代课老师对我的课程计划置之不理，第一天就放电影给学生看。接下来两天她组织大家讨论，完全不顾练习题和日记作业。我把这位代课老师给投诉了，她却反驳说让她代课就应当允许她自行设计课程。之后再遇到这种情况我就设置一系列独立课程让学生练习重要的技能，但并不是一定要与当前的进度相吻合。如果再碰上不熟悉的代课老师，或者突然被叫走这样的情况，学生也不会因为做没有用处的作业而厌倦，或被迫脱离正轨了。

说到代课老师的问题，有些学校是允许教师指定某位代课老师的。如果你发现了一个不错的代课老师，可以向他/她要电话号码，你不在的时候可以打电话问他/她是否有空。有一两个长期的代课老师非常有好处。学生们喜欢熟悉的面孔，如果他们喜欢、相信一个人，表现会更好一些。你也可以放心，因为知道即使你不在学生也不会浪费时间。

对于那些缺乏安全感的学生，你不在时，即使有一个出色的代课老师，他们的表现也会下滑。不要回来就重罚那些学生，组织班级讨论这个话题。让学生描述一下你不在的时候他们的感受，让他们思考自己为什么会表现不好。提醒学生他们的表现关系到你的脸面。如果他们在代课老师面前也会表现很好的话，你会为此感到骄傲。如果你不在会让学生觉得压力山大或者非常失落，你可以提供一些积极的措施让学生适应。他们可能要求去找熟悉的辅导员、教练、教学秘书、老师或者管理人员聊几分钟（你最好和相关人员事先沟通一下，让他们有心理准备）。他们可以给你写张纸条，或者写在自己的日记里。可以安排他们帮助代课老师点名、擦黑板、发试卷等等。当然如果某个学生在你开展讨论之后还是表现不敬，这个学生就要承担后果了。但最好让后果与行为相对应，比如给代课老师写道歉信，不要只是简单地惩罚一下。

5. 把文件夹里装满趣味课内容

做一些研究，找一些能够快速完成、乐趣十足、娱乐性强或者有挑战的课程。小测验、脑筋急转弯、谜语、填词游戏以及智商测试对于各个年龄段的学生来说都很受欢迎。如果学生学习的速度比你预期快，表现特别好，或者做了让你骄傲的事，每课时快结束时或者放学前花几分钟时间用趣味课作为对他们的奖励。每个书店都有一架子关于教育类游戏和猜谜的书，或者你也可以自己创造，还可以在网上找到许多建议。

6. 准备补习文件夹

准备一个分层文件夹，每一层按字母顺序分开，在两面都用粗体字写上“补习”。如果你教的不只是一个班的学生，那就要为每个班分别买一个分层文件夹。每次分发作业或者任务的时候，都把缺席学生的姓名写在作业纸上，然后放在相应字母的文件夹层内。如果当天你讲了课文，把讲课内容简单写个笔记，为每一个缺席的学生复印一份。学生回来上课的时候，作业纸已经准备好了，他们可以随时拿走。低年级的学生可能需要提醒才会去要那些自己落下的材料，他们写作业的时候也需要帮助。但是你应该让年龄稍大一点的学生自己补习落下的课程并且完成作业，清楚说明虽然你很乐于回答他们的任何问题、建议信息来源或者给予帮助，但是每个学生都有责任自己补上落下的课。

7. 在图书馆、自习室和浴室通行证上填写信息

在图书馆、自习室和浴室通行证上填写基本信息（你的房间号、目的地及任何具体说明）。不要在通行证上签字，一定要编上号，这样学生就没有办法偷了。然后把通行证放在一个文件夹里或者锁

起来，简单在一张纸上写下你已经发放的号码。如果你需要让某人离开教室，就不必浪费太多时间填写通行证了。一般我会让学生填上名字和日期，然后我再在通行证上签字。利用这种方法，你不需要中断授课，找到一张通行证，然后签上名字就可以了，不必在你填写信息签字的时候让其他人等着（因为有些学校对通行证有一些详细规定，我们会在第5章继续深入探讨这个问题）。

8. 复制点名册

一拿到点名册就复印两三个副本，用它们来记录你可能需要列清单的信息，比如获奖情况、出勤情况、座位表、小组项目分组、学生的生日、实践课和消防演习等其他情况。我制订课程计划的时候会把一份点名册带到家里使用。比如在出词汇练习题或者小测验时，可以在句子中用上学生的名字。他们读到有自己名字或同学名字的句子总是会兴奋地笑（一定要记录哪些名字用过了，至少要把每个人的名字用一次，这样做是为了避免伤害某人的感情或者让他们觉得你偏心）。

9. 为学生的文件夹购买塑料文件盒

这一直是我最喜欢的东西，节省时间又易于整理。我会为所教的每一个班级购买不同颜色的塑料文件盒，在每一个学生的文件夹上都贴上标签。对每个班级我用不同颜色的文件夹或者是把标签贴在文件夹的相同位置上（比如都是在左侧1/3处贴标签），这样我可以轻松辨别出文件夹应该属于哪个文件盒。如果我找不到彩色文件夹，就一律用马尼拉纸文件夹[①]，然后用记号笔在标签上画一条彩色的线，一个时期都是红色的，下一个时期就是蓝色的等等。（注意：学年一开始文件夹都很薄，你可以把两三个班级的同放在一个文件盒里，等到文件夹越来越厚再转移到不同的文件盒里。）

按照点名册，我用铅笔把学生的名字轻轻写在文件夹标签上，或者使用粘贴式的标签，这样如果有学生转入或者转出我的班级，就可以重复使用文件夹了。每学期最初几天上课，学生坐好后我会把文件夹分发下去，让他们做当天第一个功课。我很快会发现谁缺勤，就把缺勤学生的文件夹放在讲台上，可以把当堂使用的材料或者阅读作业放进去。

我把作业或试卷批改完发下去后，学生可以选择把评分后的卷子拿到家里给父母看，或者放在文件夹里。我建议学生把重要的作业、测验和考试卷子放在文件夹里以备将来参考之用。有些学生会把它们带回家而且自己作记录，但是许多学生（还有家长）弄得非常凌乱，你给他们什么都会被弄丢。我还会把缺勤学生的学习材料放在文件夹里，这样就不用到处带着，避免出现丢失的情况了。

个人文件夹帮助学生学会整理自己的功课，在考试之前他们也更容易找到相关学习材料。因为文件夹都是个人的，许多学生喜欢在上面加一些装饰。我让他们随便在上面写或画自己喜欢的东西，除了低俗、下流、充满恶意或与黑帮有关的话或标志。一些老师更倾向于不让学生在文件夹上装饰东西，这样看起来显得更严肃。

① 马尼拉纸是一种利用植物纤维制成的纸张，因此强韧耐磨。在中国比较常见的是类似牛皮纸制成的档案袋，或者韧性较好的纸壳制作的文件夹。——译者注

10. 给无礼的学生布置更多作业

如果你教的学生是10岁甚至年龄更大，那就准备一个“无礼学生作业”文件夹。在这个文件夹里装五六个难度大，且与你所教科目相关的课程内容。找到图书管理员，告诉他你可能偶尔会让一个学生来这里单独学习。填写一张图书馆通行证，不写日期和学生姓名，但是写上“无礼学生作业”。把文件夹放在容易找到的地方，但是祈祷自己以后不会用到它。

如果某天有个学生总是表现不好，让你忍无可忍，但不至于送到校长那里，如果有学生私下里总是做坏事，煽动其他学生捣乱，如果你发现了一个问题学生是个小帮派的头目，但又没有抓住他干坏事的把柄，如果连家长和校长都似乎无法说服一个孩子让他懂礼貌，如果一次次私下讨论和警告也无济于事，那你就真的碰到无礼学生了。

不要与这个无礼的学生争辩，也不用警告他。只要从文件夹里选择合适的课程，把其他课程拿出去，然后把这个“无礼学生作业”文件夹交给他，让这个学生看到标签上的“无礼”指的是他自己。即使他觉得很有趣，他也是在装相。把图书馆通行证交给他，告诉学生必须在那节课结束前约一分钟把签好字的通行证还回来，把你布置的作业写完。告诉他如果不及时还回的话，你就有责任向上面汇报他过于顽劣，并交给学校的纪律制度去处理。把学生送到教室门口，挥手告别，然后坚决地把门关上。

如果学生带着写完的作业回来，而且说了句“谢谢”，那么告诉他你希望他以后控制住自己的行为，只有这样，以后才能跟同学们在一起上课。大部分学生如果没有了观众就会停止自己的破坏行为，因为他们通常无法独立完成所有的作业。如果有个神童所有的作业都可以独立完成，而且完成得相当好，那么你就找到了他行为不良的根源——无聊。你可以采取行动，给这个学生出一些有挑战的题。

注意：如果学生拒绝去图书馆或者不接受“无礼学生作业”，那就把文件夹放回文件柜，拿出“捣乱行为”文件夹。在上报表格中填上这个学生的名字，叫保安来陪同，或去最近的教室提醒那里的老师你可能需要离开一会儿。陪同学生到办公室后，你继续回去讲课，不要与剩下的学生讨论，或使课堂再次中断。如果他们处于爆发的边缘，你可以慢慢地环视教室说：“还有谁想离开吗？”我猜不会有其他人想离开的。如果真的有人要离开，那就重复以上步骤（参考第5章关于纪律管理技巧更彻底的讨论）。

11. 准备“捣乱行为”文件夹

一般学生要等上了几天课之后才会真正开始调皮捣蛋。但有时候你也会碰到那种顽劣分子，觉得上学头几天是做出疯狂行为的黄金时期（比如如果学生辱骂你，威胁你或者其他同学，甚至动手打人）。如果你没有办法到走廊和他进行简短谈话，这时你尽可以把这个失控的学生赶出去，尽量少浪费宝贵的课堂时间。你要向其他学生发出清楚的讯息，你是不会容忍课堂上有任何无礼行为的，哪怕只有一分钟也不可以——只要你在开学之前准备了“捣乱行为”文件夹。

填写一两份违纪上报表，除了日期和学生姓名，尽量把大部分信息填好。如果要求你描述整个事件，你可以写：该学生干扰上课，打扰我教学，导致他人无法学习。我叫保安送该名学生去校长办公室。我会尽快提供完整细节。我要求先开“学生—校长—教师”会议，然后该名学生才可以回到我的课堂。

把这些未完成的表格放在一个文件夹里，注明“捣乱行为”，一旦有严重干扰课堂的迹象就可以在第一时间内马上启用。你第一次把表格从文件夹里抽出来，让那个应该受到惩罚的学生收拾东西时，学生们会明白你是有准备的，教学态度是严肃认真的。校长会要求提供具体的细节，你需要把整件事从头到尾说一遍。但是如果你提前准备好了表格，已经提供了足够的信息可以快速把学生赶出课堂，那么便可以控制局面，防止出现更严重的问题，这样不会浪费时间或者因为苦苦纠缠争辩而丢脸。

12. 掌握学生分数

为你的纸质成绩册建立一套系统（即使你使用电脑评分系统也要准备纸质成绩册以备不时之需，因为电脑系统可能会崩溃，一些学生是很出色的黑客）。开学前几天不要在成绩册上写字（如果是在组织性差的学校则需要几周时间），而是把成绩册前几页复印下来，用它来记录学生学习的进度，直到学生换班结束。连续好几周你的学生都没变化，这时再按照字母顺序把他们的名字写在成绩册上，在电脑成绩册里按照同样的顺序输入学生姓名，这么做会让你以后节省不少时间。

再加上一点创意，你可以设计一种系统，使纸质成绩册不仅能记录学生的作业评分，还可以记录出勤情况、活动参与情况和努力情况。比如说如果有人缺勤，你可以在填写某次作业分数的格里用红笔画一个框，这样一眼就能看出你在布置作业的时候哪些学生缺勤。

如果缺勤的学生把作业补上了，你可以把分数写进格里，但是你仍然记录了缺勤情况。如果到了补作业的最后期限学生还是没有把作业交上来，你可以给他们记零分，提醒你自己这个学生在最后期限也没有完成作业。

如果成绩册上有一列是用来记录额外分数，还有一列用来记录负分情况，你就可以为多做功课的学生加分，为那些给你的教学带来问题和压力的学生减分。这种办法可以奖励那些配合教学、努力学习，但不是什么天才的学生。他们可以每天都用更多的努力和良好的表现得到更多的分数。同样，伶牙俐齿，总是干扰课堂的小神童会被减分。这样一来，如果他们上课总是打扰那些努力学习的同学，而他们却自娱自乐很开心，就不会只因为聪明就能在你的课上得A（我总是用铅笔写负分，因为如果某个学生决定表现成熟，不再添麻烦，就可以因为聪明而得满分）。我知道有些人反对这种主观评分的方法，但是我认为所有的老师都会或多或少地主观，至少这个方法真实透明。

有些老师会在成绩册上给每个学生一个学号（如果你教多个班级，最好综合使用字母和数字，这样可以避免混淆不同班级的学生试卷）。告诉学生交卷子之前在左上角或右上角写上学号。这样你可以在收卷子的时候就把学生的卷子按顺序放好，并马上发现缺了哪些人的。说出缺交的学号，提醒那些学生你还没有收他们的卷子，然后把所有试卷放在一个文件夹里，在文件夹内侧写上日期和缺交的学号。如果有学生晚交卷，打个对号，写下日期，记录所有未交或晚交的卷子。这种方法可以防止卷子丢失，避免关于学生是否已交卷的争论，方便你登记成绩册，也方便标记某些学生落下的考试。如果你的学生很喜欢争论，可以考虑收完卷子后用钉书器把卷子钉起来，证明卷子都是按时收的。

虽然电脑有时候会引起许多问题，但评分还是值得使用电脑进行的。即使你得自己买软件或者需要借电脑，也要想办法使用电脑评分。你的投资会节省你的时间和精力，减少你的烦恼。刚开始，输入学生信息可能需要好几个小时，但是一旦输入完毕，你就可以任意改变某个作业或考试的权重，得出阶段性的报告，随时可以快速而准确地给出成绩通知单。

电子评分还有一个优点。因为你可以为整个班级或者某个同学打印成绩单，你可以很快看出学生整体的成绩如何。根据成绩对教学做出必要的调整，复习某些问题比较多的内容，或者增加作业所占分数。你也可以让学生看到他个人的进步。总是不写作业的学生会惊讶地发现某一次分数就能很大程度地增加或减少他的平均分。看到自己的成绩被打印出来对于大部分学生来说都是相当大的动力。

13. 草拟课程总计划

许多学校都要求老师每周或每月提交课程计划。即使上面不要求，许多老师也都会放眼全局，草拟一个每季度、每学期和全年的教学计划。如果你教的是高中，有多个准备时期，那么制订全年的课程计划就更显重要了，因为你在前几个准备时期需要完成更多的计划。利用总计划能够使老师根据需要调整自己的每日课程计划，这样可以适应学习进度、所需课程、标准化测试以及恶劣天气休课等带来的变更。

我更喜欢的方式是把每月的日历模板复制下来，把这样的日子用红笔标注出来：假期、教师在职培训日、期中考试和期末考试、学校接待日、照相日等等。我还用红笔划掉可能有许多同学因为重要事件而缺席的日子，比如校友返校节、毕业舞会、毕业典礼、体育比赛、大学申请日、提前安排的实地考察等等。在这些社会活动的日子，我会安排灵活的课程，但不会包含缺勤的学生为了完成以后的作业或考试所需要的重要信息。如果缺勤的学生之所以缺勤是有理由的，我也不会要求他们补上落下的课程。我只会在表格上打个“×”，代表任务已经结束了。学生们不会因为这个任务而丢分或者得分，他们得到的“×”是没有价值的。（我不会跟班上同学宣布我的计划，因为我不想让学生以为错过了这个任务也不会受到惩罚而逃课。）

接下来我用绿色的笔重点突出季度、期末和毕业考试。每次重大考试前，我都会在考试前一周安排一两天的时间来复习考试中涉及的内容。然后在考试后的两天不布置家庭作业，这样我才有时间批改卷子，快点反馈。现在我大概了解课程中不同章节所需要的课时了。

这时就可以不用圆珠笔改用铅笔了，以便为以后修改做准备。在单独一页纸上，我列出一年打算教的所有要点。因为我教的是英语，所列清单上包括写日记、应用文、报告、研究论文、诗歌、短篇故事、戏剧、小说、文学分析、语法、演讲节选、拼写、词汇、比喻修辞等等。我把总清单进一步细分，每个要素再按季度分几个单元进行。

现在我给不同的单元规划了粗略的轮廓，我可以算出每天或者每周要在某项技能上花费多少时间，几周或几个月测试一次比较合适。因为一些学校要求在一定时间内有一定数量的评分作业，我可以很容易算出自己准备得够不够。

如何分配时间完全是你的自由，但是根据我的经验，如果按时进行各个年龄段和各种能力水平的实践练习和考试，学生的进步会更快。

14. 设计一份欢迎学生的材料

设计一份只有一页纸的材料发给学生，名为“欢迎来到我的课堂”，包括简短的课程大纲、最重要的信息、在你的课堂上取得成功的几点建议，简短地叙述一下你最重要的规则和步骤。如果你不喜欢“欢迎来到我的课堂”这个标题，尝试一些更正式的说法，比如“课程大纲和教学目标”。（注意：不要给材料起“课堂规定和步骤 ”这样的标题。如果你这么做，就等于从一开始就造成了教师和学生关系的紧张，导致许多学生对任何规定产生逆反心理。）

我给出了一个例子，示例4.1就是我在中学英语课上欢迎学生时使用的材料。而示例4.2是欢迎三年级学生的欢迎材料样例。

三、做好心理准备

教室和材料都准备就绪，教学理念也铭记心中了。现在你可以专注做好身体和心理上的准备，在学生走进教室的那一刻吸引

示例4.1　资料：欢迎来到我的课堂

欢迎来到约翰逊老师的英语课堂

课程大纲和目标：设计这堂课是为了通过阅读、写作、词汇和语法练习、小组作业以及个人项目来提高你的交流能力。我们将广泛阅读各种文学作品。布置的作业将包括定时反馈、日记、散文、研究报告和文学评论。

规则：尊重自己和他人。不允许因为种族背景、肤色、母语、性别、性取向、宗教、身材或体型胖瘦而侮辱他人。让别人丢脸是不公平的，我们都有获得同等尊重的权利。

标准步骤：铃响后，我希望你能做好上课的准备。同样你也希望我准备好教课。

出勤：我的工作是让每堂课生动有趣，信息丰富。我永远不会故意让你难堪。你的工作是来上课，缺勤需要提前请假。

迟到：难道你不讨厌等别人吗？我讨厌。不要无礼，请准时来上课。

学习材料：想象一下，如果你约好了要去修车，但是到了修理铺，修理工却告诉你："哦，天啊，我今天忘记带工具来了。"带上你的学习材料。

家庭作业：我们不会每天晚上都有家庭作业，但是如果我布置了，你就一定要做，而且是用你自己的大脑独立完成（获得帮助或者和朋友讨论是完全可以接受的）。如果你有问题或疑惑，可以给我打电话：555-1212。

补习功课：如果你缺勤后再回来上课，你有责任去看我桌子上的补习文件夹。你有三天时间补上落下的功课。如果你需要更多时间，请找我说明情况。

纪律：我更愿意和你直接处理问题，我不愿意找家长，你要为自己的行为负责。如果你表现良好，我也会恪守承诺。

快乐：我们将拥有法律规定范围内最大程度的快乐，请把你的幽默感带到课堂上来。

示例4.2 三年级欢迎函

欢迎来到鲍勃老师精彩的三年级课堂！

你好！你好！

我是鲍勃老师，欢迎来到我精彩的三年级课堂！

我相信我的每个学生（也就是你）都是独一无二、各具天赋的。

我们这一学年有什么任务？任务包括：

- 打造激动人心的有趣项目去使用我们奇妙的大脑。
- 提高我们的拼写技能。
- 精进我们的写作技能，写我们自己的书！
- 让阅读变得有趣和好玩。（我承诺。）
- 看一些好看的电影，了解世界。
- 了解关于人、地方、事物、动物、毛虫等的事实。
- 度过一个有趣的学年！

作为老师，我的工作是：

- 尽力上好每一天的课。
- 每天做最好的自己。
- 确保在我的课上你是安全的。
- 确保每位学生在我的课上得到尊重。
- 教给你足够的知识帮你顺利升入四年级。

作为学生，你的任务是：

- 每天做最好的自己。
- 每天认真完成作业。
- 尊重你自己、尊重我、尊重你的同学。
- 每天用心用脑好好学习。

准备好了吗？现在出发吧！

他们的关注。不要担心自己会感到紧张，新学期伊始，几乎所有的老师都会感到紧张，即使是经验丰富的老师也这样（有时候经验丰富的老师会比新入职的老师更紧张，因为他们知道自己将要面对的是什么）。不要惊慌。一般情况下，如果学生知道你的期望，他们都会合作的，所以你必须知道你期望他们怎么做。

1. 传达做事步骤

如果你准备不充分，不得不一边做着手里的活儿一边建立做事步骤的话，学生们就会学你的样子建立他们的做事步骤。所以，就课堂上每个常规活动进行头脑风暴，确定一个实施程序。利用简单的笔记或者用索引卡片提醒你自己每一个程序是什么，这样你才能快速教给学生。有些步骤你可能得重复好多次学生才能学会，所以把要教授的内容写下来提醒自己前后一致是个好主意。

决定什么时候、以什么样的形式传达给学生你的做事步骤。一些老师喜欢在一堂课上教给学生所有的步骤，之后在需要实行某个具体步骤的时候简短地复习一下。比如，如果你教学生排队进入图书馆，但是开学三周后才带他们去图书馆，许多学生就会忘记他们该怎么做。有时你刚说完就会有些学生忘记，所以你更要把每一步怎么做写下来。你可以把步骤卡片分别复印，或者列成一个清单，给每个学生发一份，放在文件夹里作为提醒。

2. 设计你自己的纪律规范

写下你的纪律规范。如果纪律要求太长太复杂，不适合写在检索卡片上，你会发现很难向学生传达，更别说执行了。我最初当老师的时候，就定了规矩。有时候我自己制定规则，有时我与学生一同制定规则。但每次我列出一长列规矩时，都必须再列出一堆可能的后果，然后再给那些违反规定的人列出相应的惩罚性措施。我不得不想出一个系统，专门记录违规的人、引起的后果、跟踪会谈，还要向办公室汇报。我发现自己经常因为某些特殊情况篡改某项规定。比如，一个男生因为参加他爷爷的葬礼没来上课，我就打破自己针对迟交作业而一贯实行的严厉政策，让他两天后再把作业交上来。于是，其他学生就开始用自己的“紧急事件”来申请宽限，让我不得不去决定哪些紧急情况重要，哪些不重要。每个人都很不高兴，包括我。

那件事之后我读了许多关于课堂管理的书，但是我仍然找不到维持纪律的最好办法，所以我就把阅读扩展到心理学领域，还有关于销售、领导和说服他人的艺术方面的书籍。针对不同的学生群体，我尝试了不同的策略，最后定下了一个广泛适用的方法。不管我教哪个学生群体，这个方法都帮了我很大的忙。过了欢迎阶段和互相了解的阶段，我就制定起在我课堂上学生需要遵守的规范。我说了下面的话：

你们都是拥有各自生活和需求的个体，生活会带给我们所有人许多意外和挫折，所以我不会制定一套严格的规定，然后和你们争吵该如何实施。我保留在我的课堂上，在需要的情况下做出判断的权力，因为考虑到以下几个因素：某项作业或者考试的权重，你自己的技能和态度，你在我的课堂上付出的努力，你如何与我和其他同学紧密合作等等。但是我有一条规定适用于这个教室里的所有人，包括我自己，这条规定是绝对不可以违反的。

这条规定就是：尊重你和教室里其他每个人——不能因为他人的种族、宗教信仰、民族背景、肤色、母语、性别、性取向、智力、身材或体型胖瘦而鄙视他人。

这些特点都不是人类自己可以选择的，我们生来就已经被决定了。批评他人无法控制的事是不公平的。这样做是不尊重他人的行为，在我的课堂上是绝对不能容许的。你们可以对他人的行为发表评论，只要你们用尊重的方式说出自己的观点。比如说，如果你们觉得某人残忍或者冷漠，你可以说“我觉得你的行为很残忍”或者“你真的很无礼”。但是你不能说这个人是“愚蠢的浑蛋”，或者拿他们不好的行为与性别或肤色相关联。这让我想到了偏见的问题。

偏见的形式多种多样，我们大部分人对这个世界都有自己的看法和想法。你们有权力选择自己的想法和看法，但你们无权用一种可能侮辱、贬低、伤害或者羞辱他人的方式表达自己对他人的看法。偏见就像是我们里面穿的内衣，我们大部分人都穿，但是如果在公共场合，特别是在我们不太熟悉的人面前展示的话，那就太庸俗了。

学生们听到这里可能会发笑，但他们明白我的意思。我总是问大家有没有人觉得我的规定不合理。没有人这么认为。自从我开始使用自己的这条规定政策，而不是列出一大堆具体的冒犯行为和后果，我遇到的纪律问题少多了。这再次证明期望和现实的关系是真实存在的：我期望学生为自己的行为负责，除了偶尔不可避免的例外，他们是能够做到的。

3. 练习说警告的话

如果能找到一个人陪你练习如何说警告的话会更有帮助。如果有学生扰乱课堂，情节不算严重或者是该生比较叛逆，你可以把他叫到走廊上简单快速地教育他一下。你可以说，“你现在的行为在我的教室里是不允许的。我的课你有权不及格，如果你真的想要这样的后果。但是你没有权力干扰我教学，或者干扰其他人学习；你也没有权力浪费我的时间，让我因为一点小事和你在这里争论。所以你就在这里考虑一下你的选择。如果你准备好了，请回到教室坐好，谢谢。”

4. 创造你班上的“呼叫—应答”活动

对各个年龄段的学生来说，呼叫—应答活动都是很受欢迎的。开学第一天，教你的学生如何对你的呼叫做出应答。例如，对小孩子，教他们当你说“一，二”，他们回答“看着你”，你说“三，四”，他们回答“安静”，等等。如果你教大孩子，可以说“www点”，学生回答“zip-those-lips（闭嘴）点com”。你还可以使用有节奏的肢体动作做呼叫—应答游戏。比如，你拍两下手，学生以拍三下手回应。由你发起拍手，当学生注意力集中时停止。我曾见到过这种方法让整个自助餐厅的闹哄哄的学生快速安静下来。

如果你注意到某个学生没有注意听讲，你可以发起呼叫—应答程序去中断这个行为可能的恶性循环——然后表扬所有学生，表扬他们的快速应答和积极听讲。留心那个不听讲的学生，当他改正错误，注意力拉回课堂时，走到他课桌旁停止拍手，快速表扬他的认真听讲。这种积极的强化比针对独个学生反复强调或针对全班加以警告管用得多。

5. 检查穿着

一定要准备几件舒适、易清洗的衣服，而且要漂亮一些的，因为学生上学的时候从早到晚都要看着你。与学生讨论什么样的老师最优秀的时候，好几次都有学生建议老师要多注意一下自己的穿着。你不需要引领时尚，但是正如一个学生描述自己不喜欢的一位老师时说道："看着一个好像是把衣服都堆在地板上的人真的很让人厌烦。"当我提到自己经常和新入职的老师们聊天时，他说："告诉他们不要每周一都穿同一套衣服上班，让人感觉就像是那种上面标着星期几的愚蠢内裤。学校已经够无聊了，还要每周一看到同一件衬衫。"这是一个男生说的话，字字在理。

我之前已经建议了要穿舒适的鞋。因为你的脚实在是太重要了，所以我要重申一遍。如果你21岁，仍然坚不可摧，你的脚可能还没意识到压迫感，但是大部分老师在选择鞋时都应该是越舒适越好，酸痛的脚后跟和疼痛的脚背会让你一整天都很难受。

6. 找一位教师朋友

与邻近班的老师订一个互惠理性的盟约。（如果你找不到比较友好的老师，可以找一个管理人员或者辅导员，但是一定要找个人。）偶尔你会碰到某个学生，他的行为不至于向办公室报告，也无法给出正式的警告，但还是让你的神经几乎崩溃。而且不幸的是，你时不时会发现自己这一天教学特别不顺利。和你的盟友达成一致，你们俩都可以送一个自己的学生到对方的班级去旁听，让你和你的学生暂时分开。如果你觉得自己快要崩溃了，可以和这位老师互相交换班级管理一会儿。你可能不会用到自己的这个“理性”方法，但如果不得不用的时候，几分钟的时间就可以免去一天的烦恼，把麻烦和文书工作减少到最小程度。

7. 认识辅助人员

去找学校的维修人员、视听和电脑方面的专家、学生出勤情况监督员，以及负责你教室事宜的后勤人员，向他们介绍你自己。同时也找时间和学校的图书管理员、助教、所有确保学校顺利运行的各部门秘书聊聊天。你要意识到这些人力资源十分宝贵，没有他们你工作起来就会困难重重。问问他们是否需要你具体提供什么，或者你做什么才能让他们更容易满足你的要求。认识负责你所在班级的后勤人员，用尊重的态度对待他，这不仅是应该的，而且你还会发现一个乐于帮忙的后勤人员可以在学校里提供建议和帮助，偶尔还能创造奇迹。如果你的压力不断增加，走在学校的大楼里，发现工作人员用微笑和鼓励的话与你打招呼，会带来意想不到的改变。

8. 最后检查一遍教室

坐在教室里，仔细看一看，确保第一天上课时一切都准备就绪。重新检查一下记录有准备步骤和纪律规范的清单和检索卡片，最后再检查一遍学生用品和学生文件夹，然后关闭自己作为教师的大脑，回家做一个普通人。

9. 让自己休息好

让自己休息一下，即使是在开学前一天晚上花上几个小时也可以。去吃个晚饭，租盘影碟，洗一个长长的热水澡——做一些和教学无关的事。你可能很想在学校里待着，越久越好，只要保安不赶你走。但如果你在开学前计划准备了好几周，又花了好几天时间布置教室，整理点名册、成绩单、课程大纲、教科书和文件夹，你至少需要一个简短的休息才能在开学第一天微笑着迎接学生的到来。你应该休息，学生也应该得到笑容。

示例4.3简单地归纳了一下这三个需要检查的清单，帮助你做好准备。

讨论思考题

① 如果你是孩子，你更喜欢哪种座位摆放方式？作为老师呢？

② 对于既无阅读技巧又无阅读兴趣的学生，老师可以做些什么代替发放欢迎学生的材料？

③ 哪些课堂步骤是最为重要的，需要在开课的最初几天教给学生？

④ 如果新老师性情温柔，想去树立教学权威，她应该如何着手？

⑤ 老师可以如何化解和弥补由教学带来的情感压力和体能消耗？

示例4.3 三个检查清单

你的教室

_________ 1. 感官细节
_________ 2. 座位布置
_________ 3. 办公用品和储备
☐大本营 ☐私人文件 ☐教师办公桌 ☐学生用品
_________ 4. 学生信息
☐文件筐 ☐日程安排 ☐日历 ☐学生用品桌

你的资料

_________ 1. 在桌子上放一个文件筐
_________ 2. 使用每日课程文件夹
_________ 3. 准备自己的紧急计划
_________ 4. 准备代课老师文件夹
_________ 5. 把文件夹里放满有趣的课程内容
_________ 6. 准备补习文件夹
_________ 7. 填写图书馆、自习室和浴室通行证
_________ 8. 复制点名册
_________ 9. 为学生文件购买塑料文件盒
_________ 10. 为无礼学生布置更多作业
_________ 11. 准备“捣乱行为”文件夹
_________ 12. 掌握学生分数
_________ 13. 草拟课程总计划
_________ 14. 设计一份欢迎学生的材料

你自己

_________ 1. 传达做事步骤
_________ 2. 设计你自己的纪律规范
_________ 3. 练习说警告的话
_________ 4. 检查穿着
_________ 5. 找一位教师朋友
_________ 6. 认识辅助人员
_________ 7. 最后检查一遍教室
_________ 8. 让自己休息好

Chapter 5

Start with a Smile

第 5 章

以微笑开启教学

我们都知道第一天上课可能会发生什么。点名，说完基本规定，开始执行教学任务。也许你的学校管理有序，很有效率，天气怡人，上班也不堵车，一切都按照你仔细制订的计划来。

但是对于许多老师来说，第一天上课差不多是这样的：铃响了，可是学生还在三三两两往教室里走，他们因为各种各样的理由迟到——家长的车坏了，或者堵车了，或者因为在迷宫一样的走廊里迷路了，或者是翻了10分钟书包找课程表。某个初中生感到非常非常抱歉，但是她此刻必须去洗手间，因为早餐喝了苏打水。一些小孩子躲在角落里哭，因为感到很尴尬，他们觉得学校真的非常可怕。

教师接受的训练就是要敢于迎接挑战。你终于让大家坐好开始听你讲话了，但学校广播里开始宣布校车时间安排有变或者可以去领免费午餐券了，这样一而再，再而三地把你的开场白打断了好几次。这时学生不再害怕了，但开始不安起来。你赶紧跟大家说明在你的课堂上要遵守的规定和步骤。第一条规定说到一半，有人敲门说有两个学生走错了教室，他们应当到B103，而不是C103。你把他们送走以后重新开始说。正讲到第二条规定，又有人敲门，打开门看到一个满脸惊恐的小女孩，她红着脸，吞吞吐吐地说她觉得也许可能有人……嗯……告诉她应该到你的班上来。你赶快到讲台上找到点名册，发现的确有她的名字。你安排她坐在一个空座上，示意让班上的学生注意听你讲话。他们勉强坐好，你则继续背诵那些规定。这时又有人敲门——这次是一个男孩和一个女孩：两个人都不脸红。他们恶狠狠地看着你，把课程表摆在你面前，就好像电脑出错导致他们第一节课没法和自己最好的朋友在一起上，这全都是你造成的。你再次检查自己的点名册，希望这两个新来的学生的名字不在上面。但结果事与愿违，他们就是你班上的学生。开学第一天就这样开始了。

一、用微笑迎接开学第一天

你如何问候你的学生取决于你，但记住人倾向于对真诚的微笑回报以微笑。一些老教师警告你在圣诞节前不要微笑，我劝你不要这么做。善良和软弱之间有很大区别，而且学生了解两者的区别。做出积极友好的姿态不一定非要牺牲教师的权威或学生的尊重。

记住距离在人与人的互动中扮演重要角色。如果你站在桌子或讲台后面，你就从一开始在你和学生之间放置了一个身体上和心理上的障碍——这对于分开你们彼此有好处，但对迅速拉近关系和营造信任尊重的氛围无益。

我的建议是，当学生进入教室时，站在门口处。站在门外表现了一种权力，如果你打算树立权威是可以考虑的。站在门内更多地表示欢迎，但也同样能显示权威。微笑着欢迎每位学生来到你的课堂，请他们坐下。

站在门口有多种好处。第一，它表示学生进入教室就进入了你的领地。第二，它明确传达了一个信息，即你的领地你说的算，是你允许他们进来。这会帮助学生们认识到进入你的教室是一种特权而不是一种权力。第三，你的姿态迫使学生放慢脚步，依次进入教室，这会减少进教室时的混乱，引起学生的注意。有一位身材颇为瘦小的老师说，他不但站在教室门口，还会和每个学生握手。他会报上自己的姓名，欢迎学生们进入教室。“他们马上意识到我是老板，这是我的课堂。”他说，“但他们不会感到受威胁。”

如果你觉得握手可以接受，你会通过与学生的握手了解很多。手掌冒汗可能意味着这个学生对学校感到焦虑不安——或者他是跑着进教室的。手掌粗糙可能暗示你们班有一位花匠、艺术家或手工劳动者。缺少节奏的握手可能意味着这个学生很害羞，不习惯握手或对与教师有肢体接触感到不自在。握手坚定有力可以暗示他是一个运动员、自信的学生、学生领袖，或想要试探你的权威感。如此等等。

学生在进教室时是否与你有目光接触也能反映信息。那些不去看你的学生可能被教导直视成年人是缺乏尊重的表现。或者他们可能害羞，紧张或对学校没有兴趣。注意那些和你有目光接触的学生，以及注视的时间。如此这般，你很快会了解到一些信号，这些信号暗示了学生到校时的情绪状态以及他们所拥有的个性特征：如感兴趣的，好奇的，害怕的，不信任的，具攻击性的，聪明的，有能量的，幽默的。

你可以用很多办法确保第一天顺利进行，不管发生什么样的意外、延误和干扰，都能把注意力放在学生和你自己身上。一开始不要做那些需要学生老老实实坐着听的活动，把学生活动列为日程安排中首要考虑的项目。选择一个简单而又吸引人的活动。比如说给大家一张卡片纸和一支记号笔，让学生制作帐篷风格的名字卡片，放在桌子上。这种活动适合那些难于管理、爱说话的群体。你可以根据学生在卡片上写名字的方式了解这个学生：很大的黑体字说明这个学生需要别人注意自己，不是自信就是想做到自信；小字母可能说明害羞或者缺乏自信。

其他的办法还有在学生来之前，把标有学生姓名的卡片或者文件夹放在桌子上，让学生去找自己的名字，然后坐好。你可以给他们一个调查问卷，让他们写一段话，告诉你希望在你的课堂上学到什么，以及最喜欢和最讨厌的科目分别是什么。要记住高年级的学生每天可能有6~7节课，好几个老师都会要求他们写东西，所以布置的任务要尽量简单点。你的目标是了解学生的性格和大概的能力，而不是要威胁、恐吓或者让他们感到厌烦。

你具体布置什么任务并不重要，重要的是当你被干扰，暂时转移注意力的时候，学生还能继续有事做。除了吸引他们的注意力，以做活动的形式作为开场也会减少不良行为发生的几率，学生们不会因为坐在那里，面对一个不熟悉的老师而感到厌倦。当学生在做需要集中注意力的事，这时你可以观察自己的学生。你会很快察觉到哪些学生害羞、不自信，哪些善于交际、能很快与大家打成一片，还有哪些人比较不爱合作。

用什么样的方式说明任务内容非常重要。一定要记得，在你们最初见面的几分钟里，学生对你和你的教学风格就有了自己的看法。无论你是坐在座位上，站在台阶边上，还是在教室里到处走动，或是站在过道上，每种方式都会塑造出不同的教学风格。学生会对你说话的声音大小、音调高低，说话时的用词，特别是面部表情做出反应。

我喜欢以问卷调查的形式开始，叫作“让我了解你”（见示例5.1）。学生们坐下后我就发给他们。这么做让我有机会走到他们中间去，对他们的性格稍微做一些了解。（我的问卷是为中学生设计的，但是你可以通过替换几个词，重新组织一下句子以适应年龄小的孩子使用，或者用口头练习的方式做这个活动。）

这个问卷调查可能看起来像给学生随便布置的任务，但是它却可以达到一些很重要的目的。首先它让我的学生微笑，一般学生与不认识或者不喜欢的同龄人坐在一个房间里都会很不适应，这张问卷可以打破这种紧张的气氛。第二，我在打量学生的发型、衣着、首饰、言行举止以及彼此互动情况时，这些细节可以让我了解他们的家庭背景、社会群体特征等等——这张问卷可以吸引他们的注意力。第三，学生的回答很大程度上可以说明他们的性格和学习风格。

问卷第3题让我了解学生的学习风格——擅长听觉的、视觉的或者知觉的东西。

有些学生连自己的一个优点都想不出来（问卷第6题），这会让我提高警惕，防止他们因为缺乏自信和自尊可能导致的一些问题。

学生在问卷第9题中如果选择选项D可能有阅读问题，暗示着可能存在个人问题或者在受关心程度上存在问题。

示例5.1 调查问卷：让我了解你

姓名：________________ 学号：________________

说明：填空或者选择最适合你的答案。这不是用于评分的练习。

1. 我最喜欢看或者玩的运动或游戏是________________。

2. 为了100万美元我愿意去做很多事，但我永远不会做的一件事是

____。

3. 课外时间我喜欢：

a. 看电影　　b. 听美妙的音乐

c. 运动或做游戏　　d. 读书或者杂志

4. 如果一个巫师用一根魔杖敲了我一下，说要把我变成一只动物，我想变成一只________________________________。

5. 我选择变成这只动物，是因为________________________。

6. 我最大的优点是________________________________。

7. 如果我可以选择，我愿意变得：

a. 漂亮/英俊　　b. 受欢迎

c. 聪明　　d. 有才华

8. 一般我写作业的习惯是：

a. 我会及时做作业

b. 我会拖到最后一秒钟

c. 我有时候忘记写

d. 我会把它扔到一边

e. 如果有时间我就抄朋友的作业

9. 我喜欢：

a. 默读　　b. 大声朗读

c. 听其他人读　　d. 做什么都可以就是不愿意读书

10. 如果有一天我可以隐身，我会________________________。

有一个男孩的答案会让不是心理学家的你也能看出其中的愤怒。他说他希望自己可以隐身，这样就能杀死父母也不会被逮捕了。我最初把他的回答当成是开玩笑，或者是想吓唬我，或者是渴望帮助。结果是渴望帮助。他后来在日记里继续提到了自己的家庭，最后同意和心理咨询师谈谈。在咨询师的帮助下他学会了如何应对自己压力重重的艰难生活。

当你的学生完成第一项活动后，你可以开始点名，处理任何可能发生的非预见性的事了。现在你可以和同学们打招呼，但是暂时不要把“欢迎来到我的课堂”材料发下去。你先和他们聊一聊，四处走一走，让学生有机会不用无礼的态度盯着你看。告诉他们你十分期待与之共同学习，告诉他们你多么热爱自己教的科目（或者是年级），以及你为什么选择教它，告诉他们这学期会学到什么，但是不要详细介绍这一年里你打算教的内容。介绍要简短而精练。

二、开启学生的大脑

现在该是开启你学生大脑的时候了。根据剑桥大学研究员凯文·达顿所做的研究，某些行为会使大脑认知安全系统瘫痪——大脑会恍一下神儿最后恍然大悟，这使得大脑有机会持开放态度接受建议。当一些不寻常的事情发生，杏仁核（大脑情感中枢）以及颞顶联合区（新异检测器）内的大脑活动增加。在意外的事情发生后的瞬间，认知功能会瘫痪，这为说服者例如老师提供了一个绝佳的机会去提出建议。从生理上讲，惊讶的大脑此时接受信息的可能性要大得多。

学生可能期待你把规定说一遍，或者讨论一下各种不良行为会导致的后果。学校的管理者甚至要求你第一天就跟学生讨论你的规定或者学校的规定。只有这个时候我才会冒险置学校的指示于不顾，因为学生已经知道如何表现了。即使发生了最不可能的事——他们从没上过学，他们的家长或其他成人也会反复告诉他们坐好、安静，不要彼此打闹嬉戏，注意说话用语，在公共场合要懂礼貌。所以我会在第二天、第三天或第四天上课时谈论纪律规定。第一天我一般都会说："我们今天本来应该讲一讲规定和规则的，但是我打算这周晚些时候再说，因为现在我想首先认识一下彼此。"接着我会做些吸引他们注意力的事。用幻灯片或者电影片段娱乐一下，介绍一下影响他们生活的耸人听闻的数据，猜有趣的字谜，问一个很难的问题，或者是用鼓励性的演讲振奋一下士气。我做的事都是在他们意料之外的，不会长篇大论讲规定规则、课程要求、学习目标、标准步骤等等。

学者型的老师可以发给学生最近报纸社论的文章，内容与你教的课有关。让学生读读社论，用一两段话写出自己的感想。这种任务很快就可以完成，会让你了解学生关于学习能力的很多信息，如阅读速度、理解能力和写作能力；也会让你对他们的性格有所了解：表达想法的时候是否自信，态度和看法如何，是否愿意照你的要求去做。

你用什么开启学生的大脑取决于你的科目、你的性格和你的学生。不管你作何选择，你都要在作业中加上令他们意外的元素。我并非建议你为了新奇而新奇，或为了娱乐你的学生而工作。但你为一个班级授课的最初几天是重要的——就像一段浪漫关系的最初几次约会是重要的——因为它们为这段长期关系定下了基调。

利用科学对建立关系有帮助。

三、消除“老师VS学生”的对立状态

海军有句行话：“先踢屁股，后问名字。”训练新兵的教官总是用这个方法确保新兵站得笔直，让他们马上就能知道谁说的算。我把这个新兵训练策略加以调整，让它变得稍微温和一些，但是我的目的是一样的：我要学生马上明白我欢迎他们来上课，但这是我的教室，我说了算。同时我还想建立一种学生们与我合作而不是与我作对的环境。我不会受学生摆布，被他们带进老师和学生的对立状态中。我会让他们看到我们处于同一战线，我们是在一起努力完成课程，在这个过程中我们要尽可能获得快乐。

这里有另一个战术与凯文·达顿关于说服的研究相一致。同情是劝服人的利器。可以说，当你表现出对学生的同理心，他们会从心理上站在你这边。他们不再视你为敌人或成年人，抑或纪律监督员，而是开始把你视作自己的同伴（不是朋友，但是是和自己一样的人）。

根据性格教学理念，你可以与我有完全不同的选择。怎么做不要紧，要紧的是这样做是否有效。如果学生不和你统一战线，你就没法教他们任何东西——你只会忙着管纪律，实施你的纪律规则。

让学生和你统一战线并不难。我到现在为止从未见过一个一心想要失败，不想被人喜欢的学生。这样的想法不合理。但是许多学生，特别是青少年，当他们害怕的时候会做出令人讨厌、惹人反感的行为，而孩子怕的东西很多。在学校他们怕两件事：别

人不喜欢自己，还有考试无法通过，就连聪明的孩子也担心这两件事。所以，我在欢迎学生的时候就说到了这两件令他们恐惧的事。我的演讲差不多是这样的：

“欢迎来到我的课堂！我是约翰逊小姐，很高兴你们能来到我的课堂，因为我很喜欢教学。我想帮你们成为更出色的学生，这样会帮助你们最后取得成功。我不是为了挑毛病，一心想让你们不及格，或者赌气才来教你们的。我保证在我的课堂上，不会让你们难堪或丢脸。但我也期待你们学会勤于思考，如果你们因为思考过度而死，我会负全责。现在有多少人宁愿去看牙医，也不愿意大声朗读的？请把手举起来。”

总是会有人举手，于是我又接着说：

“别紧张。如果你不想，我永远不会强迫你们在我的课堂上大声朗读，所以不要担心了。我不希望你们讨厌来上我的课。我希望你们热爱阅读和写作，喜欢讨论今年我们要学习的书、故事和文章。我想让你们学会分析他人的观点，对比不同的观点，用有理有据、条分缕析的方式表达出你们的想法。你们把语言技能掌握得越好，在学校、以后的工作及你的个人生活——特别是恋爱生活——中就越能获得成功。”

他们在下面咯咯笑，觉得我在开玩笑。我解释说：

“我是认真的！仔细想一想，生活中我们想要的许多东西都是用语言获得的。当然，你们在学校要用语言回答问题。但你们也需要用语言约别人出去，或者跟别人解释你为什么不想吸毒或者偷窃，或者说服父母让你剃个光头，或者向他们借车。以后你们还要用语言去约未来的公婆或岳母大人——如果你们觉得这点不重要，那将来肯定会大吃一惊的。”

“说到吃惊，如果你们知道在我的课堂上所有人最开始都是得A的话，一定也会吃惊。以后能否继续保持A的成绩完全取决于你们自己的努力程度。我会尽全力帮助你们保持下去。我保证，如果你按时来上课，与我配合，努力学习，这门课你一定会顺利通过。”

有很多年，我使用“每人先得A”技巧屡试不爽，但并不明白为什么那么奏效。第一次用它，出现了一些小问题，但它如此管用以至于我把它变成了我上课时的保留节目。最近，我钻研了一些高效领导力、市场营销、说服他人方面的研究，我才意识到为什么这个策略如此有效。因为它让人们觉得占了便宜。一旦人们拥有了什么，就不想失去。市场专员频繁使用这一技巧。比如，买一赠一的促销会促使你购买一些你原本不会买的东西，但既然第二件是免费的，你就会买第一件，把它看作“你的”。优惠券和会员卡给商店顾客占便宜的感觉，甚至即使优惠价高于正常价。汽车销售员往往在你还没决定买车时，把车钥匙放在你面前的桌上，把钥匙滑向你，说：“你的钥匙。”它们并非你的钥匙，但感觉上已经是你的了，于是你更有可能去买这辆车。

一开始给学生A并没真的给他们什么，这并不算一次成绩。但它白纸黑字地写在了成绩册上，它是真实的。于是，大多数学生会努力去保持这个A。相反，如果他们最开始得了0分，必须努力达到A，感觉上就像负债。这种负债并不比得A多什么，但有时现实会让步于说服力。

你选择怎么说、怎么做去在你和学生之间制造共鸣取决于你的性格、你的学生和你的课程。我劝你告诉他们你的一些事，并安排一个不计分的活动来彼此了解。你不想成为他们的朋友，你可能想让他们知道你对行为态度要求严格，但你也想让他们知道你是一个有同情心的关心他们的成年人，会尽己所能给予他们帮助。

接下来我发下去一张“3 × 5”厘米大小的卡片（大一点的卡片也可以），让学生提供一些信息。（每个班级我用的卡片颜色都不同，这样可以很快辨别出卡片属于哪个班级，可以把卡片带到家里，便于通电话或者开展与家长沟通之类的活动。）因为很多孩子都善于视觉学习，所以我把要求提交的信息写在黑板上：

姓名：
完整地址：
电话号码：
生日：
父母/监护人姓名：
学号：

注意：一定要准备一些空白的卡片，以供后来转到你们班的学生使用，可以把他们的卡片添加到原来的文件夹里。

学生在填写卡片的时候，我会在空白卡片上写下缺勤学生的名字，让他们来以后把卡片填好。然后我就在教室里走动，在过道穿行，手里拿着点名册。我在头脑里检验自己是否能记住学生的姓名。如果想不起来了，就偷偷看一眼学生卡片上填写的名字。他们填写完我要求的信息后，我让他们把卡片翻过来，在卡片背面再写一些东西。

我解释说：

“我想让你们告诉我，为了能成为你心目中的好老师，我该怎么做。如果你们有阅读障碍，发言有困难，有癫痫或者就是不喜欢阅读，请告诉我。如果你有工作，我希望了解你在哪里工作。如果在这门课上你有什么特别想做的事，也请告诉我。还有件很重要的事，我打给你家里的大部分电话都是讲好事，因为我愿意夸奖你们，而不愿意跟人抱怨，但我偶尔需要联系你们的父母或者监护人。我的父亲就是那种如果我在学校里惹了麻烦，就会把我一顿痛揍的人。如果你家里也有这样的成人，给我一个暗示。我不需要了解细节，你只需要告诉我你想让我联系的这个人的姓名。

“说到麻烦，你们还需要明白一件事。如果在我的课上你出了问题，我会首先和你联系，不会先找你的家长。你们都是大孩子了，要对自己说的话做的事负责。我肯定你们的父母已经告诉你们该如何表现了，所以我期待你们会有良好的表现。如果我想找你谈谈你的表现问题，我会直接找你。我希望你把真实的电话号码写在卡片上，而不是比萨店外卖的电话，这样如果有必要我就可以直接给你打电话。如果你和我没法解决，我就得给你的家长或者监护人打电话了，但我更希望咱们之间就能把问题解决。”

我给学生几分钟时间在卡片背面写好（也让我有时间记住更多人的姓名），然后我把卡片收好。我不让大家把卡片传递给我，而是走过去一个一个收。这么做有两个目的：让我与学生距离更近些，同时我还能有机会对一下人名和面孔。我拿过卡片的时候，会说“谢谢”，大声重复一下这位学生的名字。收齐之后，我走到教室前面，快速翻一遍，在脑子里再测试自己一遍。

四、教给学生上课发言的程序

即使你打算日后花一堂课的时间教学生各种程序步骤，现在也是时候教给他们在你课上回答问题的程序了。学生回答问题的方式千奇百怪，但基本上有三种：

- 学生在发言前必须举手，并且不能打断别人。
- 学生可以自由发言或相互评论。
- 每个人必须暂候一段时间（10～60秒）再回答问题。

我们中的一些人认为应该让学生发言前举手——直到我们真正开始教学。然后我们意识到有时我们需要学生快速回答，比如头脑风暴时或者我们希望就某个观点或活动引发热烈讨论时。在其他活动中，特别是在做包含一些复杂或抽象概念的练习时，我们可能希望学生等上两分钟思考一下问题再回答。即使你不准备采用这一方法，我也建议你把它当作一个实验去尝试一下。如果你给那些接受信息比较慢或反应快的学生时间在发言前斟酌自己的观点，你会发现不同智力水平的学生上课发言的质量提升了，而且平时不情愿主动回答问题的学生也主动发言了。

如果一开始你把举手作为上课发言的标准程序，学生们会快速适应。但如果你让他们三种方法并用，他们可能会不适应。因此，我建议通过各种不同的练习教给学生上课发言的这三种程序，然后在开始一个新活动前告诉学生们该使用哪个程序。一种简易的方法是制作三张海报去警示并提醒他们。（见图5.1）

如果你足够有创造性，可以自己画插图或让一个有艺术细胞

图 5.1 上课发言的三种程序

的学生去制作这些招贴画。然后，当你开始一项活动，把对应的招贴画靠在黑板上，或钉在墙上，让每个人都可以看到。对于小孩子，你可以把这变成一个有趣的游戏：学生们可以制作三张图片，把它们放在课桌里，当做活动时把对应的图片放在桌面上。

五、做好准备，应对“测试老师”

有许多因素可以影响学生的行为，所以你不可能预计学生会有什么反应。也许第一天上课头几分钟学生们就开始测试你的忍耐度。你正在跟全班同学讲话，座位距离你最远的几个孩子可能开始传纸条，或者大声说话。有些学生可能就坐在你面前，也开始把名字写在自己的桌面上。还有人可能会站起来，大摇大摆地从教室一头走到另一头，找自己的朋友聊天。

如果发生这样的事你会怎么做？你的回应将为下面的整个学年奠定基调。记住你还是在建立自己的教师形象。不要因为微不足道的小事就和学生发生冲突，否则他们会觉得自己可以在任何时候分散你的注意力。当然你必须对他们的挑衅做出回应，但是你不必让他们主导你的行为。

不要把学生捣乱的行为当作是对自己不满，特别是在新学年或者新学期开始的时候。儿童的叛逆表现可能是由于多种原因造成的，但你不太可能是诱因。一般，学生在表达愤怒的时候，即使是冲你来的，你也不是真正的目标。除非某个学生具体有所指，针对你个人肆意侮辱，否则你就当作是因为你教师、成人和权威人物的地位才导致你成为学生不敬对象的。言传身教，告诉学生该如何尊敬你——以及他们自己。

六、纪律危机急救计划

我们在第6章会更加彻底地讨论纪律问题，但在开学的前几天，最好是准备一个急救计划，因为有时候由于个人性格和环境的共同作用，会导致课堂混乱很容易就产生了。如果你遇到了严重的问题，学生们表现得极其挑衅，你可能无法按计划用微笑迎接新学期了。有时候几个学生就足以破坏你整个大计划。如果发生了这种事不要惊慌，马上转入急救模式：

1. 识别班上遭排挤的学生和恃强凌弱的学生——这需要你快速而专业的洞察力。如果有遭排挤的学生，要格外重视你可以帮助他们融入班级的建议。如果你发现有恃强凌弱的学生，马上提醒行政部门和这样的学生进行私下沟通，看看他们的行为是由于缺乏安全感还是真的本性顽劣所致。告诉缺乏安全感的学生你会帮助他们实现真正的自信，拥有坚强的性格，不会再有欺负别人的冲动。对本性顽劣的学生就要态度和蔼，手腕强硬（极有可能是因为他们的家长也是本性顽劣的人）。跟他们解释说，你必须尽到老师的责任，让学生在课堂上自由表达看法，但你不会接受或容忍任何侮辱、威胁或打架行为。

2. 制作座位表。用一个空的点名册，把学生的名字剪下来，在你的座位表上排序，直到达到一个可行的计划，你满意为止。第二天在教室门口等着，把学生指引到新的座位上。如果他们怨声载道，告诉他们放学后可以找你谈——而不是上课或者下课的时候，因为你希望花时间认真听他们的看法，还要慎重思考一下。大部分学生都会闭上嘴。如果有学生真的放学后去找你，那一定是很把座位当回事，所以你要耐心听他们说话，尽量满足他们的要求。告诉班上的同学，你永远都保留自己视情况做出调整的权利。

3. 处理扰乱课堂纪律的学生。只要看到有不敬、扰乱课堂纪律或者恃强凌弱的行为发生，停下手中的一切工作，让声音最大或者捣乱最凶的学生到教室外面等你。如果这个学生拒绝离开，就叫保安将他带出去。不要跟这个学生争吵或者大喊大叫。找出你的“捣乱行为”文件夹（里面有尚未填全的向上级报告的表格）。拿出一张表格，填上学生的姓名和日期，并按我在第4章“准备‘捣乱行为’文件夹”部分提到的那样去处理。

4. 如果没有行政人员或者保安人员帮忙，你仍然可以用强硬的办法对付顽固不化的捣乱分子。找一个同意为你不听话的学生创造指导环境的图书管理员、辅导员、教练或者助教。不要和学生讨论这个计划。只给学生一个你签过字的通行证和布置任务的文件夹，告诉他去指定的地点报到，完成你布置的任务，并在课程结束时把文件夹和通行证还给你。如果这个学生没有去指定的地点报到，也没有把材料还给你，就跟行政人员报告该同学逃课，同时准备必要的报告材料。将这种做法进行到底，直到这名学生要求你准许他回到班级。这时候要重新讲一下你的期待，欢迎他回来。

七、第一周的其他几天

根据自身情况，你会想在开学第一周安排其他适宜的活动。当然你会有自己的日程安排，但是我想建议8个重要活动，也许有助于你建立生动的课堂环境，同时帮助你和学生培养良好的关系。

- 介绍学生彼此认识
- 教学生上课发言的步骤及静默思考
- 了解学生已经知道的东西
- 发放欢迎材料和学生文件夹
- 下放一定权力
- 说明选择的重要性
- 帮助学生了解自己
- 教学生学会如何思考

1. 介绍学生彼此认识

学生们如果知道彼此的名字，会更有可能友好相处，但是许多帮助人们认识彼此的流行游戏适合年龄小的儿童或者成人，不太适合小学高年级、初中或者高中的学生。为什么？因为年龄小的孩子都很天真，不会故意冷漠对待别人，而成人一般都很礼貌，更担心是否能够得到及格的分数，而不是彼此侮辱。但是青春期以前或者正处于青春期的学生非常善于互相侮辱和折磨。另一点让我很心痛的是，许多学生都和帮派有关，或者是帮派的攻击对象。一个简单的游戏，即使只是为了让大家互相认识，也会给某些人带来不舒服的感觉，甚至构成危险。我不建议在了解学生之前，在确保你的做法不会引起任何问题之前，把学生分成两人一组或多人一组。

学校里为了互相认识而设计的最受欢迎的游戏就是学生采访。你可能做过好几次这种游戏。老师让学生分成小组，彼此采访，然后把他们的搭档介绍给其他同学。这种练习深受老师喜欢，因为既快速又简单。但是对于大多数学生来说，这种游戏是一种令人尴尬和痛苦的练习。下面这几个原因说明了为什么那么多的学生讨厌这种同学采访的方式：

● 除非老师分组，否则总会有几个学生被落下——没有人想和他们搭档。他们觉得受到了冷遇，没有人喜欢他们。如果老师强迫他人与之搭档，他们会感觉更糟糕。

● 有些学生很害羞，在同学面前讲话有很大的障碍，特别是在上学第一天。小孩会很快察觉到他人的缺点，比如口齿不清、有口音、口吃或者爱脸红。

● 青春期前和发育期会出现各种导致儿童尴尬的生理变化：隆起的胸部、粉刺、突然变声、稀疏的胡须、遇到刺激产生的无法控制的生理反应。老师最糟糕的做法就是使他们成为注意力的中心。

- 贫穷、恪守教规或者严厉的父母会强迫一个孩子穿着与他人不同。他们会因为衣着感到尴尬，或者遇到一些意外情况，同学问他问题，但是他不想回答。

不要放弃用游戏的方式使学生彼此认识这个想法。许多游戏都不需要学生跟同学讲话，或者站在一群人面前。我的一个大学教授采用的一个方法就很适合成年人，我把这个游戏用在高中生身上，获得了极大的成功。

形容词游戏

- 让你的学生想出一个形容词来描述自己。（你可能需要提醒大家什么是形容词。我一般会先举几个例子。比如爱说唱乐的罗伯特，才华横溢的蒂芙妮，或者友好的弗雷迪，还有一些比较有趣的例子，比如饥饿的山姆，或者悦耳的伊凡。）
- 从教室的一个角落开始，让第一个学生说出他的姓名，带上一个形容词。再找第二个学生，依此类推，直到第五个学生。
- 站在第一个学生旁边，或者指向他。问其他同学："他是谁？"他们会喊出他的名字，并加上形容词。走到第二个同学面前问："他是谁？"继续问，直到说完五个人的名字。
- 重复同一步骤，每次介绍完五个人之后再以一到五的顺序找五位学生自我介绍。等到介绍完最后一个学生，再从第一个学生开始把名字重复一遍。
- 这个步骤是可选的，但在我的每个班级都大受欢迎。学生给出自己的姓名再加上那个形容词以后，我会记在一个已经排好序号的名单上。我把我的名单打乱顺序，读出形容词。学生会写下和那个形容词相匹配的名字。读完所有的形容词后，学生也写完了所有的名字，我很快再读一遍名单，再给出正确答案。然后我让记住所有名字、漏掉一个、漏掉两个或者更多名字的人举手。能记住大多数名字的同学，我会奖励他们一盒动物饼干或者一支漂亮的铅笔。

除了趣味性强，这个游戏给学生机会认识彼此，让他们稍微观察一下每个人的性格，还给了我很多信息。能记住大多数姓名的学生是班级里善于通过听觉学习的学生，他们可能用口头传授的方式学习最快，而且在课堂上往往也会是发言最积极的学生，因为他们需要听到自己说出来才能学习。

不要被那些做鬼脸或者觉得你的游戏很傻的学生打击信心。如果他们有嘲笑你的幽默感，也许就会跟着你把游戏做下去。但如果你的班级真的就像我曾经遇到过的那么难教，而且你觉得一些小团伙的领头人会破坏游戏，拒绝参与，那你就要快速做出选择了。你可以对这些玩世不恭的人视而不见，与合作的学生做游戏，让大家知道与你配合的人会比不配合的人得到更多的关注——传达这个信息也不错。你可以让不想参与活动的人离开教室，直到其他人完成后再回来。这么做很危险，因为他们可能不肯出去，这样就可能达到他们逼你放弃计划而与之争辩的目的——这样的开场可不好。你可以无需解释就停止游戏，接着进行下一步安排，最好是难度较大的测试或者布置阅读任务。这可能是个不错的选择，因为你让每个人都了解如果他们不想玩这个游戏，你也有很多任务给他们做——这也是很好的讯息。相信你的直觉。

2. 教学生上课发言的步骤及静默思考

这里我想说一说静默思考的问题。一个专门治疗学生学习障碍的心理学家跟我聊过一段他的经历，是他让我改变了对时间的态度。有一次，一个十几岁的男孩走进这个心理学家的治疗中心，要求给他进行智商测试，他好向父亲证明自己不是智障（因为他所在的学校说他有智障）。这个心理学家按正常程序给他进行了标准的测试。男孩的得分很低，但他坚持说分数不准确，要求重新测一次。第二次，心理学家让这个男孩想用多少时间完成测试就用多少时间。男孩花了标准时间的3倍，但第二次他得的分数达到了天才那个级别。

听了这个故事后我就想，我的教室里曾经坐着多少个小天才，就因为我没有给他们充分的时间处理信息，所以让他们觉得自己很傻。我指定了一条新规定，要求在回答问题之前必须先思考一会儿，除非是进行极不正式的讨论。最后的结果非常神奇。一般不回答问题的学生也举手了，而且给出了颇有见地的评论。启发那些脑子快的学生进行深层次的思考，我自己处理信息的能力也提高了。

你可能需要想办法才能让学生在发言之前整整沉默1分钟，有时候连老师都会觉得沉默30秒很困难。我们大部分人都习惯快速反应，而脑子快的学生一直都因为马上就举手而得到老师的表扬。不幸的是，思考慢的人可能有更好的想法，但是他们大部分人都学会了不去用心思考，因为他们很少有机会分享自己的想法。为了能给每个人深入思考的机会，最好尝试建立一个规定，包括你在内的所有人在过了思考时间后才可以回答。学生们都很乐意接受这个主意，特别是如果你让他们轮流担任计时器。

3. 了解学生已经掌握了哪些知识

给辅导员一两天的时间了解清楚学生的日程安排，然后再把欢迎材料发下去。在这两天里，给学生布置一个摸底考试或者任务，以便你能判断出他们的才艺和能力，优点和缺点（不要给任务打分，这样会打击学生的积极性，让学生尽力而为就可以了）。你可以根据摸底考试和练习调整课程计划，以免内容太简单让大家生厌，或者内容太难让大家气馁。我在进行摸底测试的时候，会把单元测试、学期复习和期末考试的题加进去。如果结果显示大部分学生需要复习以前的一些旧知识，我们就安排复习。而如果每个人只是犯一两个语法错误，我会把这个部分最简单的课文略去不讲。

写读后感是衡量学生对你的课程知识掌握与否的一种极好方式，而且还能让你对他们的逻辑和写作能力有所了解。在报纸杂志上找一篇有趣或者有争议的文章、社论、影评或者特写，复印下来发给学生。让他们默读文章，写下读后感（年龄小的学生我让他们写一段或者一页，高中生我要求一页纸以上）。这种方法不但能告诉你关于学生分析思考和写作能力的信息，也是在给学生机会练习日后上大学要写的那种论文。

4. 发放欢迎材料和学生文件夹

你一旦有理由相信班上的学生不会随便换班，而且第二天不会突然来10个新同学，这时候你就应该发单页欢迎材料，讲基本的规定了（请参阅第6章关于制定规定的全面讨论，第4章在示例4.1中也已经举例说明）。向全班同学朗读材料，确保每一个人都看到并听到材料上面写的话。每读完一部分，停下来问问学生是否有问题或者评论，确保他们了解你在每一个方面的期望。

读完整个材料后，再一次问大家是否有问题或看法。告诉学生如果觉得你的规定或者步骤有任何不合理的地方，现在是他们和你讨论的机会。如果有人给出意见，你要认真考虑一下，当场做出决定，或者告诉学生你会认真考虑的，下堂课再告诉他们你的想法。除非你是才华非凡的老师，或者有一帮非常愿意合作和听话的学生，否则绝对不要就你的规定向学生征求意见和建议或让他们投票。放弃你的决定权也许感觉挺民主的，但你会发现自己实际是放弃了对课堂的控制。即使教的是聪明成熟的学生，这样对你也很不利。必须有人说的算，这是你的工作。当然，考虑一下学生的评价和看法也无妨。倾听他们的想法有利于避免将来发生不良的行为或混乱。

如果你的学生表现好，积极配合教学，你可以就有关规定问这样的问题：

- 如果你缺勤后再来上学，应该：

  a. 不断打断老师，问她有没有想你。

  b. 让大家看你结的痂、伤疤或者上的药。

  c. 从补课文件夹取出你的作业。

  d. 亲老师，大喊："我好想你啊！"

- 如果你上课迟到，应该：

  a. 发出很大声响，让所有人都注意你。

b. 气喘吁吁，假装你跑了五英里才到学校。

c. 经过你每一个伙伴的时候，拍一下他们的背。

d. 安静地到座位上坐好，开始上课。

- 每天你要带什么上学：

a. 糖果、口香糖、CD机、蜘蛛和各种虫子。

b. 圆珠笔、铅笔、纸和教科书（如果有要求的话）。

c. 你的狗、一双臭袜子和两瓶苏打水。

d. 彩色书、漫画书、写给圣诞老人的信。

学生们都很享受这种“考试”，每个人都会笑，这样很好，有利于缓解紧张气氛，在学生之间迅速建立一种亲密感。能够共同欢笑的小组会很快建立友好的关系，合作起来也会更快更高效。

在发欢迎材料的同一天把学生文件夹也发下去，这样学生可以有地方放欢迎材料和你发的其他纸质材料。一张空白的纸会引起许多学生的兴趣，所以准备回答这个问题：“我们能否装饰我们的文件夹？”这本来是小事一桩，但是一些学生会把它发展为争论，目的是为了打乱老师的原计划。

如果你觉得很难容忍不成熟或者叛逆的行为，那你最好坚持不允许学生在文件夹上写任何东西，只许写姓名。我让学生随便装饰自己的文件夹，除了使用黑帮的徽标、写或画诋毁其他种族或者下流的内容。我解释说文件夹的主要作用不是让大家表现才华和政治信仰，而是整理材料。它可以让我更容易与学生沟通，它会节省所有人的时间，还有助于储存重要的文件。如果学生选择用这些文件夹表达政治言论或者画煽动性的图画，只要不会侮辱或威胁到他人，态度积极正面，我会准许他们保留这个权利。

5. 下放一定权力

老师是灵魂的工程师。我们喜欢帮助他人，可也喜欢掌控一切的感觉，我们许多人都在下放权力方面有困难。但是分享权力会带来很大益处。把一些工作分派给学生，你可以保留自己宝贵的时间和精力，去完成更重要的任务。学生参与工作也有利于培养他们的自我意识以及学会如何承担责任。鼓励学生与你配合，彼此配合。有些小学老师会分给每个学生一项具体任务，每一项工作都加以重要的头衔：削铅笔笔长、缺勤管理员等等。高中老师经常找学生做文书工作或助理，每天在某个特定的时段提供行政辅助工作，用这种方式获得学分。即使学校没有正式的学生助理计划，我也经常要求办公室同意这种安排，我的要求从未遭到过拒绝。

在我的课堂上，每个授课阶段我都安排一个记录出勤情况的班长，以及班长缺勤时的代理班长（你可以借此机会了解每个人记忆姓名的能力）。我还会安排一个负责开门的班长在上课的时候负责开门，这样即使有人走进来，也不会打断我们上课了。开门班长会去招呼敲门的人，接收不需要我马上关注的纸条、信息或者材料。在我曾经教学的一个学校，每个小时至少会有两个信使敲门送纸条：有家长告诉自己的孩子放学后几点来接的，有送生日气球的，有学校非正式的调查问卷，还有俱乐部开会的通知等等。安排一个开门班长可以减少干扰，让学生们明白学习是最重要的，不能因为一些微不足道的小事而被打断。

班级值日生是最重要的学生岗位。我总是先问有没有自愿者。

如果最后没有四个以上的自愿者，我就会把学生分成四组，轮流值日。值日生负责确保放学铃响时地板和桌面上无杂物。学生们偶尔埋怨让自己做“清洁工”的工作，但是我解释说后勤人员的主要职责是建立一个安全卫生的环境，而不是在一帮邋遢的人后面打扫卫生。他们明白我的意思。在负责清扫自己或者其他人的垃圾时，他们会鼓励彼此保持环境整洁，并且更加关注教室的摆设和材料。

6. 说明选择的重要性

我上大学的时候，我的心理学教授肯尼斯·布罗多曾经给我们布置了一个简单的任务，把这两个问题填写完整，即“我必须____________（填空）”和“我无法____________（填空）”，而且是把我们脑子里最先跳出来的想法填进去。因为我当时是海军服役军人，我写道：我必须穿军装。还因为我结婚很早，嫁给了一个比我小的人，我们的婚姻存在很多问题，所以我写道：我无法停止与我老公吵架。

布罗多教授告诉我们把第一句中的“必须”去掉，用“选择”来替代。然后他又指示我们把“无法”去掉，用“不想”来替代。我原来的句子变成了“我选择穿军装”和“我不想停止和我丈夫吵架”。我很反对改造后的句子，班上其他同学也是如此，但是教授坚持己见。

“今天早上有人逼你穿军装吗？”他问我，“有人拿枪指着你的脑袋，强迫你穿军装吗？”

“当然没有，”我说道，“这真是太荒谬了。”

“如果你拒绝穿军装会有什么后果？”

“你很清楚。”我说，我觉得自己很愤怒，“你又不傻，你知道我会被开除。”

“你不想被开除，所以你选择了穿军装。”布罗多教授冷静的语气快把我气疯了。

“得了吧！”我说，“你只是在玩文字游戏。”我不打算那么容易败下阵来。布罗多教授绕着教室走了一圈，最后回到我的桌子旁边，讨论我第二句话。我知道我是对的。我的丈夫对我充满敌意，而且顽固不化（比我还顽固）。他最喜欢挑起事端吵架，以便用威胁的方式获得胜利。

“你有没有什么办法不去和你丈夫吵架？”布罗多教授问，“有任何办法吗？”

“我想如果我做个机器人，一天24小时，一周7天，什么事都照他的意思去做，他可能会稍微缓和一点。”我回答说。

“你不愿意那么做，对不对？”布罗多教授问。

“当然了，我当然不愿意。”我回答道，“我有做人的权利。”

“那好吧，我们说实话吧。”他说，“虽然你很想停止和丈夫吵架，但你更不想做能防止吵架的事。”他慢慢走到教室前卖弄，在黑板上写道：“为了生存，你必须做五件事：吃饭、呼吸、喝水、睡觉，还有去厕所，其他的都是可选项。”

“但还有很多事是我们不能做的。”我争辩道。

“说得对！”布罗多教授点点头，“你无法改变自己的种族或者身高，但如果你真的充满动力，愿意工作，几乎没有什么事是你真的无法做到的。如果你总跟别人说‘我必须’、‘我无法’，其实是在告诉全世界，你是个受害者，而全世界也会按照你的指示对待你。如果你不喜欢自己的生活，那就尝试改变生活。你有那种力量，力量用不用全看你自己。”

这是我上过的最有力量的一堂课，它帮助我明白其实我可以改变自己的生活、行为和态度。我用布罗多教授的示范来鼓励我的学生，上课第一周我们就完成了“选择力量”的练习。有时候学生会问几个月后能否再练习一次，以便为他们注入新鲜的动力。我每一次都会和他们一起完成这个练习，因为这种练习每次都给人带来新的东西。

如果你决定进行这个练习，一定要让学生明白你的目的，让他们确信这不是测验，他们也不需要大声说出自己的答案，或者告诉任何人，你不会根据写的内容进行评分，他们甚至都不需要把句子交上来。要让学生知道这个测试是为了他们好，是为了帮助他们更加了解自己，成为更强大的人，这一点十分重要。（当然这样做也有利于你教课，但是有些人可能对能否帮助你不感兴趣，所以为什么要提这一点呢？）接受并认可那些有理有据的回答，但是大部分带“无法”的句子是经不起推敲的。

找几个愿意主动和你讨论他们句子的学生，让其他同学默默思考自己的句子。一定要有心理准备，有些学生会觉得这个练习令人不快，而有些则需要时间考虑，需要你重复几次要求。

如果你想做这个练习，我建议不要把改变措辞的要求写上去，因为一些人会在写句子之前通读整个材料。如果学生知道你会让他们换词，这个练习对他们就没有帮助了。示例5.2是我用的材料。

一旦学生明白并接受这堂课的用意，他们就必须承认如果在

示例5.2　选择的力量：诚实练习

说明：完成这两个句子。把你想到的第一个答案填进去。这个练习不会评分，你也不需要交上来。除非你主动提出，否则我不会要求你和别人分享，所以不要担心自己的隐私会泄露。

我必须____。

我无法____。

写完这两个句子之后，放下笔，告诉老师你准备好进行下一步了。

练习结束后，花几分钟时间想想你写的东西。你的第一反应是什么？经过讨论后你的想法变了吗？现在你对自己写的句子怎么看？如果你想私下里和老师或辅导员讨论这个练习，请在下面注明，写下你的名字，下课之前交上来。

____

____

____

____

你的课堂上表现不好或者不及格，那也是因为他们自己选择表现不好或不及格。他们不必让别人抄自己作业，他们不必咒骂那些咒骂自己的同学；如果不想学习他们也不必来上课，如果在学习方面遇到了问题，他们可以向你求助或者找个家教，或者多花一些时间在功课上。除非是真的有学习障碍，否则任何同学都没有理由不通过你的考试，从学校顺利毕业，找一份体面的工作，学习交朋友，培养有用的技能，最后成为成功的人。

7. 帮助学生了解自己

相比于其他话题，年轻人对自己和彼此会更感兴趣。他们对自己也是最迷惑的，这些迷惑常常会导致在学校里出现问题。也许你在想，好吧，我要在自己已经安排得满满当当的课程中再加一项，同时学校还有放假、赛前动员会、集会，我还要配合行政工作，我连把课讲完的时间都没有，更别提教什么心理学了。如果你这么想，那你的想法完全正确。教授心理学不是你的工作，所以你可以略过这部分。但如果你的学生问题多，以至于有时候让你想换职业，那你可能要考虑和学生们讨论一下亚伯拉罕·马斯洛的理论。讨论只需要几分钟，却可以省去你累计要付出的好多个小时、好几个月的时间。

在接受教师培训的时候，有时你可能要上一两堂关于儿童心理学或青少年心理学的研习课。也许你至少读过一种对马斯洛需求层次（示例5.3）的阐释。我想把我的阐释也介绍给你。我第一次讨论这个想法是和一群问题很严重的学生一起。他们无法抵制住黑帮、毒品、偷窃和性的诱惑。有一天我们开始讨论人为什么会有各种各样的行为，我告诉他们我上大学的时候学过心理学，我了解人做什么事是因为我们需要一种归属感。不管我们多少次承诺自己要独立，要坚守自己的阵地，最后还是放弃了，做出让自己后悔的事，然后我们就会痛恨自己。

“你说的是我！你说的是我！”我的一个学生泰莎挥舞着手臂说，“我常和我姐姐还有她朋友去购物，她们总是从商店偷东西。我说过我不会那么做，但是后来我还是做了，同时又总是希望自

示例5.3　马斯洛的需求层次

第一层次，生理需求。你需要食物、水和庇护之所。如果你饿了，你不会在乎自己的鞋是否好看，也不会在乎食物是否健康。食物就是食物。只有第一层次的需求得到了满足，你才会渴望得到更多更好的东西。如果你的基本需求得不到满足，需要帮助，那就去请求别人的帮助。不要不好意思，很多人都想帮助你。

第二层次，安全感需求。一旦基本的生理需求得到了满足，你可以考虑保持温暖，避免受到伤害以及健康问题。

第三层次，社会需求。人（还有许多动物，比如狼）需要属于一个群体，需要感觉到被人爱。你可能有家，但感觉不到爱，所以你才和自己并非真正喜欢的人在一起，做一些明知道错误还要做的事。找一个可以加入的群体：运动队、俱乐部，或者是每天一起吃饭的几个孩子。找一些真心喜欢你的人。如果你总是独来独往，可能会成为那些不喜欢你，但是想利用你的人的目标。

第四层次，自我需求。一旦我们得到了爱，就会开始寻找提高自我尊严的方式，因为我们都需要感到自己很重要，被欣赏。如果你觉得自己很好，就不会害怕学习新技能。你不需要被人刮目相看，因为你知道让自己刮目相看更重要。

第五层次，自我满足感需求。你有了食物、庇护之所、爱你的人，还有自尊——现在你要开始“烹饪”了。你不会在无关紧要的事上浪费时间，比如说他人的闲话。你足够坚强，不会见到争论就躲，而是会坚持自己的原则。你培养自己的才能，因为学习的乐趣而学习。帮助他人，发明新事物，创造艺术、音乐或者新点子。你要追求自己的梦想！

己没有做过。我发誓我不会再和她们去了，但是下次她们问我，我又会就范了，做一些我不该做的事。我感觉很糟糕，特别是去教堂的时候，走在我奶奶旁边，想着如果她知道了我的所作所为会感到多么耻辱。”

我告诉泰莎，她不是无药可救。她只是个凡人，因为人需要归属感，需要被一群人接受，所以我们加入俱乐部和各种社会组织，包括黑帮。

“你们多少人有家庭、有人爱，但仍然觉得自己没有归属感？”我问我的学生们。一半以上的学生举起了手。“并非只有你们孤独，”我告诉他们，“即使是在自己的家里，许多人也会觉得受到排挤，但是我们需要有归属感。那就去寻找你的归属感——运动队、兴趣俱乐部、空手道馆、教堂、车库乐队、唱诗班、一群街头艺人、志愿者组织、话剧组，甚至是两三个孩子每天一起吃饭、一起坐公交车，或者步行到学校。”

我解释说有归属感的人不太可能加入消极负面的群体，比如黑帮、破坏性组织、偷窃团伙。我的学生都集中注意力，听我介绍马斯洛的理论。我简单概括了他的理论，然后和他们讨论了一下。那天晚上我制作了一张表格给他们带回家，放在可以定期查看的地方，提醒自己要沿着幸福和自我满足的阶梯不断向上攀登。许多学生都汇报说，了解人的需要有助于他们做出更正确的选择。

根据学生年龄和成熟程度的不同，我可能选择难度不同的词汇和复杂程度不同的例子，但我从来没遇到一个不明白这个理论的群体。实际上“最糟糕”的班级对讨论这些想法更感兴趣。

8. 教学生学会如何思考

有一天，一个高二的学生对一次课堂任务表示不满，他想知道这个任务的用意何在。我问他是怎么想的。他说："浪费我的时间，给你一个用来评分的东西。"我很想让他小点声，但我还是决定跟他好好解释一下，让他以后不会再问这样的问题。结果我的解释发展成了关于布鲁姆分类学的热烈讨论。班上每个同学都坐得笔直，全神贯注地听着。第二天我给另一个班的学生也讲了同样的内容，所有人都积极回应。

我在黑板上写下"布鲁姆认知领域分类"，我总是会听到后面有人小声说话。

"那是什么？"

"我不知道。"

我让学生思考这个短语的意思。他们一般都会把"领域"理解成某个王国，而"分类"这个词把他们难住了。我从书架上拿下一本字典，宣布"我要查我精致方便的袖珍字典了"。一年级的新生一般都会咯咯笑；年龄稍长的学生则会翻白眼，在我拿字典的时候发出表示厌恶的呲呲声。我对这些嘲笑不加理会。

总是有人说："那不是袖珍字典。"

我眨眨眼睛说："你得有大点的口袋。"

我这么做不是为了故意出丑，只是想做个示范，希望学生模仿我的行为。结果很有效。不久后学生们也开始拿起自己精致方便的袖珍字典，在课上查生词了。

定义完每个词，我告诉学生我要和他们分享一堂老师在学校里学到的，但是一般不会传授给自己学生的课。我告诉学生们，我觉得他们都应该知道老师让学生做每一件事的用意所在，所以我们将要试一下元认知——思考如何思考。我给出一两个例子，解释不同层次的思考。我让他们从各门课中找个例子用于每一个思考层次，然后把关于布鲁姆的分类学材料发下去（示例5.4）。

讨论完材料后，每个人都明白了基本概念，然后我再发给学生另一份材料（示例5.5），说明如何在日常生活中运用批判性思考的技能。我的学生惊讶地发现在学校里学到的所有“无聊和没用的东西”——甚至分析莎士比亚的十四行诗——其实都会帮助他们开始“真正的”生活。

示例5.4　布鲁姆认知领域分类法：英语应用

记忆（最低等级） 记忆信息：背诵基本内容，列出词性，定义“reality（事实）”和“idea（观点）”这两个词。

理解　了解事物：知道名词和动词、事实和观点之间的区别。

应用　利用你了解的事物，做语法练习题，用名词和动词填空，写下一系列事实或观点。

分析　对比不同的事物：挑出一个段落中所有的名词，或判断一个句子是事实还是观点。

综合　形成自己的想法，建立自己的项目：写含有行为动词的句子，写一段话表达你的观点，写一篇纪实报告。

评估（最高层次） 根据了解的情况做出判断：对比三个不同的句子，判断使用哪一个形容词描述的效果最好，阅读关于同一话题的两个不同观点，判断哪个观点更有道理，从阅读内容中举具体例子支持你的选择。

示例5.5　利用布鲁姆的分类法：运用到你自己的生活中

记忆　记住一首歌的所有歌词，或者是购物清单上所有的食物；背诵一个足球队的球员数据；了解发动机或音响系统的零部件。

理解　了解话筒和放大镜之间的区别；了解汽油发动机或电脑如何运转；明白有些人就是很害羞。

应用　安装一套音响，或者更换汽车的活阀塞；制作鳄梨沙拉酱；用正确的语法填写工作申请；约一个害羞的人去约会，但是不要吓坏他/她；修理烤箱。

分析　决定接受哪份工作；为自己选择最好的大学；决定是否结婚、发生性关系或者生孩子；衡量把孩子送到私立学校、加入帮会或戒烟的利弊。

综合　为你的生活制订一个计划并付诸行动；组建自己的重金属乐队或说唱乐组合；自己创业经商；写歌；建造房子；创造自己的秘密烤肉酱配方；根据你的收入制定预算；抚养健康的孩子。

评估　判断你目前的工作是否给了你想要的未来；阅读新闻并判断它是否真实评述事件；倾听所有候选人的竞选演说，选择一个人投票；找出最好的办法规范你的孩子；等等。

讨论完不同层次的批判性思考后，我从报纸上摘抄了一些文章让学生分析。我们读了一篇社论、一篇影评、一封写给编辑的信，还有对一张音乐专辑的评论。我让学生思考从作品中能对其作者了解多少，他们是否接受那些作者的观点。我们看了某本杂志上的所有广告，接着让学生认定这本杂志的目标读者是什么样的人，杂志社的政治视角是什么，什么样的人写了里面的文章。某些学生天生善于进行这种分析批判的思考，但对于另外一些同学，第一次接触这种思考会是新鲜而令人激动的。

此外，还有一个意外收获，我教学生意识到高水平思考的技能后，他们都开始寻找能让自己达到最高水平思考的学习任务。

关于这个话题最后要注意的一点：请不要臆测你的学生不够聪明、不够成熟，无法进行这种练习。我曾经和成绩很差的学生、毫无学习兴趣的青少年，还有说不好英语的成人都讨论过这个话题。他们最起码都明白基本的概念，而且也很感激你把他们看作聪明有能力的人。

八、表达感激

每一天都感谢学生们来上课，配合你教学。听到有人说自己很棒，他们永远都不会觉得烦。如果我们期望学生保持良好表现，我们就要承认并肯定这种良好的行为。我们需要抓住一切机会与学生握手，拍他们的肩膀，鼓励他们继续证明自己。他们长大后就会像我们一样，希望别人怎么对他们，他们就会怎么对别人，要教学生成为有道德、有同情心、品德高尚的人。

九、一周过去了，还好吧

进行得还不错——开学第一周，你知道了所有学生的姓名，他们都知道了你的规定。你很清楚自己面对的是一群什么样的学生，他们则明白你会让每个人对自己的行为负责，而且知道如果想通过你的课该如何表现。如果运气好一点，他们会更加了解自己，基本了解不同层次的思考，以及为了达到最高层次的思考该怎么做。

现在你可以制订适合自己班级的课程计划，但暂时别太具体。

讨论思考题

① 你应该在圣诞节前对你的学生微笑吗——或者不应该微笑？关于这一点你有何看法？

② 分享一些你观察到或听到的上课第一天的有趣活动。

③ 老师应该要求害羞的学生站起来，站在全班同学面前讲话吗？

④ 为不同年龄段的学生设计三种没有威胁性的课前活动。

⑤ 教师可以使用哪些具体方法评估学生已经掌握了哪些知识？

⑥ 为某个年级的学生设计制作一张一页纸篇幅的欢迎材料。

Chapter 6

Discipline Is Not a Dirty Word

第 6 章

积极的纪律技巧
是保证课堂秩序的关键

如果和大多数儿童提起“纪律”，他们马上就会想到惩罚，因为他们只知道这个具有多重意义的词的一个方面。但在军队里，纪律带有积极的含义，因为军人都明白纪律是有效团队的保障，它有助于提高自我控制力，让人的性格更坚强。

课堂上的老师可以用军队纪律的原则教学生加强自律，尊重他人。当然，我不建议你把班级弄得跟个新兵训练营似的，命令孩子翻墙，如果越线了就做50个俯卧撑，但我相信儿童需要而且想得到成人的指导和引领。对于儿童来说，这个世界其实很可怕，他们想让成人为自己设定行为界限，这样他们就不必担心，不需要为自己应付不来的事负责了。

成人也不想生活在一个喧闹的世界。我们希望有合情合理的法律，在给予我们最大限度自由的同时把危险降到最小。儿童和我们没有区别。虽然书本和报纸上的文章以及电视节目都告诉我们如今的孩子很冷漠，学习有障碍，他们发育滞后，不愿意或者无法集中注意力，根本没法管教，但我从来都没相信过这些话，因为我教了很多所谓的“没法教”的孩子。

儿童天生充满好奇心、渴望学习，但不幸的是他们一到学校，天生的好奇心和热情就被恐惧取代了：害怕考试不及格，害怕不受欢迎和孤独，害怕被恃强凌弱的人欺负，害怕即使上了大学也找不到好工作，害怕父母离婚，害怕死于艾滋病，害怕在学校外面的大街上随便被开车路过的人开枪打死或者被疯狂的瘾君子抢劫。

我们无法平息学生所有的恐惧，但如果能在教室里建立一种冷静和有秩序的氛围，学生们会感到有安全感，得到了保护。他们知道老师期待他们怎么做，知道老师不会让其他人伤害或者折磨他们。他们对学习的好奇心和热情会再次出现，他们会努力完成我们布置的功课。带有积极意义的纪律是保证课堂秩序的关键。

一、确立你的理念

也许你看到有一些“幸运”的老师，似乎从来不会遇到纪律问题。幸运的成分的确也有，但课堂管理的有效与否和准备工作是否充分有更大的关系。如果基础打得牢，你可以避免许多纪律问题。我认为课堂纪律是儿童的脚手架，我们的规定可以提供支持，防止学生坠落受重伤。儿童长大以后，我们可以放松一些，一点一点撤掉规定，直到孩子可以独自站立，充满自信地自己做决定，根据自己的能力承担相应的风险。如果我们制定的规定有理有据，公平实施，根据学生的需要随时做出调整，我们就是在告诉学生，限制不是为了破坏他们的快乐，规定其实可以创造更多的自由。你在设计纪律规定的时候，要牢记自己的目标。你是想惩罚那些不听话的孩子，还是想吓唬孩子，给他们个教训？或者是想帮助学生对自己的行为负责，在未来做出更好的决定？

使用惩罚性纪律技巧是为了惩罚、羞辱、恐吓或者报复学生的一些过失行为。惩罚性的方法可能会暂时改变学生的行为，但是这么做并没有鼓励学生为自己的行为负责，也没有激励他们与成人合作。一般惩罚性的纪律，比如说打屁股、让学生在墙角罚站、让学生放学后留下或者暂时休学，都会导致不良行为升级，造成恶性循环——出现更多干扰课堂的行为和分数下降。看看总是居高不下的多次被课后留下的高中生人数，这些学生中很多最后都加入了防辍学计划，因为他们错过了许多重要的课程。他们最后把自己的问题归咎于老师、家长或学校，每次惩罚都会让他们更加没有进取心。

而使用积极的纪律技巧是为了让学生思考自己的行为，为自己的行为负责，如果可能的话做出补偿，明白自己和他人行为产生的影响，解决问题，学会如何做出更加正确的选择。积极的纪律依靠的不是羞辱或威胁，而是给学生提供机会讨论是什么导致了某些行为，帮助他们学习如何良好表现的新方法。这样学生就不会再因为自己表现不好而归咎老师或家长，他们会意识到自己可以控制自己的行为，可以在学校和生活中影响别人对待自己的方式。

我们习惯用别人教自己的方式去教别人，除非有意识地努力克服。如果你还记得自己的童年，也许不会忘记在角落里罚站或者放学后留校并不会鼓励你翻开崭新的一页，却会让你以后有不好表现的时候再隐秘一些——也许你会花时间谋划如何报复惩罚你的老师。一方面，也许你还记得一个坚持让你为自己行为负责的老师，因为你真心付出的努力奖给你一次握手、一个拥抱、在一张纸上写些表扬的话、给你父母写个纸条或者打个电话；你也会记得希望老师喜欢你、尊重你，就算你并非赞同他的所有规定，你也会积极配合。另一方面，也许你曾犯过一次严重的错误受到了严厉惩罚，这次教训最后真的改变了你的态度。

你的亲身经历会决定你对纪律持什么样的态度，你已经对行为、后果、惩罚和奖赏有了基本的认识。如果你能用一两句话把对纪律的理念总结出来，课堂管理方法会更有效。比如说，我训练任何学生的目标都是帮助学生在学校里取得成功，这样会有助于他们在生活中也取得成功。所有的后果都会根据具体行为而定，目的是帮助学生在未来做出更好的选择。让学生对自己的行为负责，他们可以选择遵守规定或违反纪律，如果违反了纪律就要直面后果。

二、以其人之道还治其人之身真的可能

如果你把羞辱学生作为让他们难堪的一种手段，那么当学生以你为榜样，以其人之道还治其人之身时，千万不要奇怪。在我看来，羞辱他人不但不专业、不道德、不公平，而且还是对孩子的心理虐待，是为了用羞辱来控制孩子。或许你不记得小时候大人故意让你难堪的感觉了，或许你是为数不多的幸运儿，从未遭受过羞辱，但如果你想象一下自己处于下面的情景，你大概更能理解学生的处境。

校长给所有的老师发送了一份50页的重要报告。你周五在自己的邮箱里看到了，上面还有教学秘书写的说明，说校长要求所有老师在周一全体教师会议之前读完报告。你把报告放在包里带回家，但是由于要主持你儿子的生日派对、要洗衣服、开车送女

儿参加足球比赛、到医院看你妈妈、再挤出几分钟时间和爱人说说话，于是你根本没有机会读报告。不过你的确扫视了一遍。

周一的全体教师大会上，校长问多少人读了报告。你举起手，因为你基本上算是读了一点。想象一下，校长盯着你让你站起来，她说："请归纳一下这个报告的要点。"很明显，她觉得你在说谎。她认为你没有读报告，她让你做出如下选择：要么装下去胡说一通，要么向大家承认你刚才说谎了。现在你可以选择在同事面前讨论家庭琐事，或者一副骗子的样子。校长让你归纳报告要点的唯一目的是为了让你丢人，感到尴尬。也许她相信，这个办法会让你为了避免再次丢人，想要读她的下一个报告，但是你很有可能请病假不去参加下一次教师会议。其实管理和激励人有更好的办法——还有好多很好的教学办法。

三、牛仔哲学

有一年，在新墨西哥州西南部的集市上，我观看了"牛仔教授"克雷格·卡麦隆的表演，那次经历令我难以忘怀。我惊讶地发现驯服野马和驯服淘气的孩子很相似。卡麦隆那天下午对付了两匹野马——一匹从未被骑过，另一匹不肯背马鞍。这两匹马卡麦隆都成功地在一小时内骑了上去，没有大喊大叫，也没有使用任何武力。我看着被卡麦隆驯服的两匹马，听他解释自己是如何做到的，我意识到自己面前站着一位真正的大师。

"很多人都努力去打垮一匹马的精神，"卡麦隆站在驯服野马的围栏里，告诉围栏外面的人群，"我最不想做的就是打垮任何马的精神，我要努力调动它的情绪，这样我才能利用它。我想根据马的水平和它的作息时间与其建立关系。如果你想让马有良好的态度，那你绝对不能逼它做任何事。你必须给它时间理解你到底想让它做什么。”

卡麦隆一边说，一边拿起一个马鞍毯，走到他刚才驯服的马跟前。这匹马看了一眼毯子就开始朝相反方向跑（就像我们的学生逃避难学的课程一样）。卡麦隆没有追这匹马，或者把它逼到一个角落，把毯子放到它背上。他站在那里不动，等着马不跑了，充满好奇地靠近陌生的毯子试探情况。卡麦隆让马闻闻毯子，然后用它轻轻地摩挲马腿和马肚子，然后把毯子放到了马背上。很快，马又踢踢后腿，把毯子甩掉，逃跑了。卡麦隆把毯子捡起来，一直等着马回来，再次试探它。马终于安心了，觉得这东西不危险，于是站住接受了毯子。卡麦隆可以和很多人一样强迫这只马，把毯子绑在马背上，那能节约不少时间，但每次他要把毯子放上去的时候都需要折腾很久。

“人们经常把各种各样‘有问题的’马带给我。”卡麦隆一边说，一边把马鞍放在毯子上，让马随意逃跑，直到觉得马鞍也不会有危险为止。

“通常问题都是一开始就没有把马教好。”卡麦隆解释说，“有人曾经强迫它接受，如果不这样的话就会被严厉惩罚。它知道如果做得不对，你会更使劲地打它、踢它，或者给它戴更大的嚼子，所以它现在紧张、害怕、自我保护意识强。”

这匹马又在围栏里转了几圈，然后慢下来，走到卡麦隆身边，允许他把马鞍紧紧绑到它背上。

学生就像是马，不想自己的情绪受到打击，或者被强迫做一些感到不舒服或者不熟悉的行为。如果我们给他们时间适应，了解我们的期待，他们就更有可能配合。他们不配合的时候，我们可以打击或者吓唬他们，或者没完没了地重复，让他们感到厌烦。但是和马一样，儿童可能因为恐惧、痛苦或疲惫而暂时配合，但除非我们能得到他们的信任，否则要在同一个问题上反复斗争。

卡麦隆在训练课上说的一句话让我觉得特别适合那些在课堂教学中必须对付一群反抗权威的学生的老师。“马天生就能听懂驱赶的命令，”卡麦隆解释说，“你的马能接受你是这群马的领导者，它只是个追随者。但这不意味着某匹马不会经常考验你。它会考验你，而你可以建立领导者的权威，但是不要给马造成伤害或恐惧。你的要领是控制马的思想而不是身体。”

同样地，让学生接受你的权威，而不是感到损失了任何尊严。成功的老师不会要求学生配合，而是把它作为一个选择。

四、规定与步骤

规定和步骤是两样不同的东西。规定是需要严格遵守，不可改变的，步骤是可以根据需要调整的。规定就像法律一样，一旦制定出来是不可以违反的，不会因为个体差异或环境改变而不同。如果你给自己的课堂建立了许多需要严格遵守的规定，以后可能会后悔。比如说，你制定一条规定，不接受晚交的作业，或者一次没交家庭作业，该学生就失去了得A的机会。如果学生真的因为紧急事件（如重病、意外，或者家里有人去世）无法完成作业，那该怎么办？你有两个选择：坚持遵守规定或者通融。这两个选择都有缺点。

如果你固执地坚持遵守规定，天真的孩子会很痛苦，你也会得到严厉和残酷的名声。如果你为一个学生通融，其他学生马上会排着队要求特殊优待，因为他们也有急事（有些你看似无关紧要，但是对于小孩子来说却很重要）。不管你把标尺定在哪里，总会有学生觉得你错怪了他们，你不喜欢他们，你偏心。所以我建议建立规定的时候，只针对那些你绝对无法容忍的事，一些不会有特殊情况的事——比如说骂人、打架、种族侮辱、性骚扰。

而步骤不是法定行为，它们是关于完成某项具体活动的指导，比如去厕所、补作业、请假、迟到。给你的班级制定步骤会为学生的行为提供清楚的指导，也给你自己更多选择。如果发生了特殊情况，即使你做出一些改动，也不会引起太多抱怨或迷惑。你可以根据不同情况做出决定。如果学生抱怨你区别对待自己和别人，你可以指出你之所以用不同方式对待不同的人，是因为每个人都是独立的个体。“均码”不适合教育，因为每个学生都有独一无二的才华、能力、目标、挑战和处境。

如果你从一开始就建立各种步骤，这会减少课堂秩序混乱的情况发生。不要在上学头几天就把所有步骤说一遍，这时候学生太激动或者需要接收太多信息，根本记不住你那些步骤，应该在事情发生的时候再介绍相应的步骤。记住，有些学生通过观察或者亲自去做才能学会，所以不要光说不练。告诉学生你想让他们怎么做，然后对每一个步骤进行练习，直到学生（特别是年龄小的儿童）了解整个过程。你还可以把步骤写下来发给学生。一开始你可能觉得自己是在浪费时间，因为连续两周每堂课末尾都要用5分钟的时间讨论下课铃响后如何离开教室，但是将来你会省去很多时间和麻烦。孩子们都知道，如果可以让你有一两次对他们的行为姑息迁就，他们就可以对你的步骤充耳不闻。

除非你真的觉得重要，否则不要轻易建立什么步骤；如果你建立了，就一定要让学生明白而且遵守。

五、建立规定的原则

你可能需要做很多次试验才能发现管理纪律的最有效方法，既适合自己独特的个性，又适合你的学生。但如果你在制定课堂规定的时候关注以下三个基本概念，你就更有可能取得成功：

- 限制规定的数量
- 正面地宣布规定
- 考虑后果

小心不要建立太多的规定。你建立的规定越多，花在执行上的时间就越多，列出的后果也就越复杂，而学生因为叛逆心理产生恶劣表现的可能性就越大。一长串规定会束缚所有人，抑制创造力，妨碍你为建立稳定关系和互相尊重的环境而做出的努力。

检验了很多方法后，我更愿意在自己的课堂上建立一个总的规定：尊重自己和教室里其他每个人。

这个简单的规定可以涵盖任何事件。比如说大声嚼口香糖，把嚼过的口香糖或者糖果粘到桌子上或书本上，打人或者骂人，在桌面上刻下流的话，上课迟到，往地上扔垃圾，干扰其他想学习的学生，干扰老师教学等等，这些都是不尊重的行为。学生有不尊重的表现时，你可以问："你认为你目前的行为显示出尊重自己和尊重他人了吗？"这时即便一个经常表现不好的学生也会意识到任何负面行为就等于自我折磨。日后学生们就会选择不同的行为，不会觉得因为你实施了惩罚就有必要报复你这个无辜的老师。

尽可能从正面角度宣布规定。不要给孩子灌输太多他们已有的想法。从负面角度宣布规定（不许嚼口香糖、不许大声喧哗、不许拿着剪刀跑）会给学生提供不良行为的建议。有些学生渴望你的关注，不管是正面的还是负面的。负面角度的规定也会向那些希望分散你注意力，不愿意听无聊或难懂的课程，或者就是想惹你发疯的学生提出挑战。最终，负面角度的规定会启发更多负面的行为。

有时候有些规定是没法从正面角度宣布的，或者你必须用负面词汇作补充，防止说一大堆官腔。比如我制定的唯一规定就是一张禁止事宜清单，这是为那些需要了解详细内容的学生写的。补充规定包括：不能因为种族、宗教、民族背景、肤色、母语、性别、性取向、智力、身材或体型胖瘦来侮辱他人。因为主要规定我是从正面角度宣布的，整体的规定没有负面的含义，学生就不会为了表现自己而有违反规定的冲动。

考虑一下你的规定可能给每个人（包括你自己）带来的后果。比如说，记过需要你记录学生的过错，花时间实施惩罚；午饭时间或者放学时间留校看起来是个好主意，但在惩罚学生的同时也是在惩罚你自己，因为你也必须留下看着学生，否则他们的留校时间就会变成社交时间；让学生写文章或者报告是比较受欢迎的惩罚方式，但是用写作作为惩罚的工具会给每个人造成不良影响——你自己、你的学生和学校的其他老师——因为你这是在让学生讨厌写作；把学生送到校长那里，也是很受欢迎的策略，会让学生离开教室，但同时也发出清楚讯息，你无法独自处理状况。

六、识别欺凌者和被排挤者

校园欺凌并不新鲜。然而，过去校园欺凌往往是挥拳把对方打个乌眼青，而今天学生往往可以轻易找到和使用各种武器去给他人造成严重，有时甚至是致命的身体伤害。许多学校已经成功实施了反对校园欺凌和品行塑造的计划。但在任何一所现代校园里，遇到一两起校园欺凌事件是常有的事。问题是有时很难将欺凌者抓个现行或者甚至难以辨别出他们。更加难以辨别的是那些煽动者，他们并不亲自动手，而是善于操纵别人相互凌辱或殴打。在我曾任教的一所高中，学生们看上去乐于相互陷害。一个学生不怀好意地“透露”给另一个学生，说第三个人说了她的坏话（当然这些坏话是捏造的）。第二个学生可能随后会质问或袭击那个无辜的第三位学生，使得后者最终变得遵守纪律，有时还会连同第二个学生一起被停学，无论她就自己的清白无辜怎样辩解和声明。第一个学生则丝毫不受影响，因为她显然没有卷入这场对抗之中。

碰巧有一天，我偶然想到一个方法去辨别我班上的欺凌者和煽动者。当我准备安排小组讨论时，我让每班学生拿出一张纸，在最上面写上自己的名字。之后，我让他们每人写下三四个人的名字，这三四个人是他们愿意与之一组的人。然后我又加了一句“如果有一两个人你不想与之一组，也请列出他们的名字。我不需要细节，列出名字即可。”

当晚我在家回顾这些名单时，我发现每班都有相同的名字出现在“不想与之一组”的名单里。我意识到这些就是我班上的欺凌者、煽动者和被排挤者。当然，我不能神奇地解决所有问题，但至少我知道了我需要采取对策的人。这帮助我更好监督我们班，以及显著减少学生间的冲突。我尝试就校园欺凌咨询行家的指导。我留心那些煽动者，当我怀疑他们搬弄是非时加以干预。我尽己所能像朋友一样对待受排挤者，帮他们提高社交能力和自信心。

在网上快速搜索“反欺凌”会出现几百个网站提供相关办法，供老师和家长参考。希望那些想要帮助自己班上受排挤者的教师也能得到这样多的帮助。抛开一些学生求学期间每天遭受羞辱和虐待这一事实不说，忽视那些受到欺凌的学生是很危险的。欺凌者不一定是那些将武器带到学校的人，而更可能是那些不堪忍受同伴折磨的受排挤者。

教师是防御校园欺凌的第一道防线。我们也许不能根除校园欺凌，但是我们一定可以通过拒绝容忍课堂上任何形式的言语暴力和确保不迫于压力欺侮自己，来减少它们。

七、有效管理的12个指导方针

你会发现许多培训课程、书籍、研讨会和期刊上的文章都有有效课堂管理的要点，但很多建议可能彼此矛盾，令人迷惑不解。关于奖赏对长期行为和激励会产生积极影响还是消极影响，专家们一直在争论不休。有些专家坚持认为让学生承担后果是矫正行为的关键，有些人则认为这样做等同于惩罚。针对不良行为这个问题，我们应该集思广益，想出解决办法。每个课堂管理项目都会提供一些例子和证明其有效性的证据，我想建议你的是选择或建立一个包含下列方针的项目，这些都是有效管理技巧的共同指导方针：

- 期待学生怎样做，先以身作则
- 把孩子与他们的行为区别对待
- 让学生承担应有的责任
- 给学生台阶下
- 寻找最佳解决办法
- 承担与行为相对应的后果
- 清楚说明你对未来行为的期待
- 行为改善时给予积极的反馈
- 把学生看作一张白纸
- 找出频繁捣乱的原因
- 留心奖励良好表现
- 无计可施的时候再把学生送到校长办公室

1. 期待学生怎样做，先以身作则

不管你制订的计划多么周密，如果不以身作则就不能顺利实施。比如说，你无法命令别人尊重你。如果你想让学生彼此尊重，你就必须做给他们看（有时候要反复演示，因为这对于他们来说可能是新的经历）。如果你想让学生用逻辑方法解决问题，就必须演示这些技巧。教他们在学校遇到问题时怎么处理，解释你是如何进行每一步的。是的，行为示范需要时间，但在学期开始花时间示范会帮助你以后节省时间：你的学生会配合你教学，你不需要在维持纪律上花费太多时间。

2. 把孩子与他们的行为区别对待

有时候一个孩子会故意调皮捣蛋，就是为了惹老师生气，但是大部分的捣蛋行为都是由于不成熟、缺乏耐性、有挫折感或者渴望满足某种想象中的或真实的需求。孩子之所以有幼稚的举止是因为他们就是孩子。不要把学生的行为个人化，除非明显是对你进行人身攻击——即使这样也可能是因为你代表一种权威。如果教师把儿童的行为个人化，我们就会限制自己客观分析情况、选择最好的应对方式的能力。但是如果我们可以把孩子与他们的行为区分开来，就可以遵循这个绝妙的建议：讨厌行为，喜欢孩子。这种态度会帮助我们关注解决问题，帮助学生学会做出更好的选择，而不是惩罚或者承担毫无意义的后果。

3. 让学生承担应有的责任

我们在规定行为时，是要对某种既定情形加以控制和负责。如果我们把责任公正地放在学生的肩膀上，让他们担负应有的责任，我们就会创造完全不同的经历。假设如果有学生干扰你上课，你马上就责备他或让他承担后果，这时所有人都把注意力放到了你身上。有些人会不由自主地同情犯错的人，就是因为他处于弱势地位。如果你让学生停下来思考一下自己的行为，决定是想继续下去还是想改变，注意力就转移到了学生身上，现在由他来控制冲突的结果，他不能因为自己的行为或导致的任何后果来责备你。许多老师发现，让学生出去谈一谈，填写一张描述违规行为的表格，或者签一个协议，同意不再有此行为，这些方式都比立马实施惩罚更有效。

4. 给学生台阶下

如果学生有台阶下，许多人都会选择配合你。但是如果你咄咄逼人，大多数学生会变得倔强而叛逆，许多人甚至会猛烈回击，即使是年龄很小的孩子也是如此，他们的自尊心一般都比成人想象中要强。如果学生第一次做出了某个具体的不合时宜的行为，我们给他一个台阶下，那就是给那个学生和许多旁观者几个教训：我们为自己所选择的行为负责；人人都会犯错；错误不是永恒的；一个出色的领导者会表现出同情心和对别人的尊重。不管学生喜不喜欢我们，他们会模仿我们的行为，所以需要我们达到高标准，树立好示范。

5. 寻找最佳解决办法

让一个迟到的学生放学后留校并不能解决上课迟到的问题，很可能还会导致师生关系恶化，造成学习成绩出问题。让一个学生花10分钟时间帮你打扫教室就不那么费力，文书工作也可以。更好的办法是要求学生用解决问题的模式来为他的问题头脑风暴可能的解决办法。然后讨论他想到的办法，帮助他选择和实施最佳路径。除了交流当前的问题，你还应该教给学生如何化解未来的问题。

6. 承担与行为相对应的后果

利用放学留校或者记过的方式来应对各种行为，就等于是用一种药物治疗各种疾病，这种撞大运的方法在学校这个大环境下经常会不管用。如果你想让学生承担后果，那就针对你想消除的不良行为来让他承担后果。如果有学生在桌子上用黑色记号笔画了一颗心，或者写了一些污秽的语言，即使让他放学留校，桌子也是脏的。让学生把桌子擦干净，或者擦干净教室所有的桌子——第一次做错时用这种方法更合适。同样让一个干扰课堂的学生留校也不会教他安静下来尊重他人。让他站在门外，直到他觉得可以控制自己行为为止，这样做会给他机会练习自我控制。如果他拒绝努力，那你可以直接针对叛逆或不敬的行为让他承担后果。

7. 清楚说明你对未来行为的期待

有一年我遇到了一个经常会扰乱我教学的学生，他会突然站起来，大声清嗓子，然后走到教室另一边把痰吐在垃圾桶里。因为他其他方面的表现都很好，我选择礼貌地警告他，而不是实施惩罚。我把这个学生叫到一边，问他为什么总做如此不尊重他人的行为。

他说：“我没有不尊重别人啊。”

我问：“你觉得我在跟同学们讲话的时候，你走到教室另一边，往垃圾桶里吐痰，这样做是尊重别人吗？”

“是的，”他诚恳地说，“因为我没有随地吐痰。”

这次对话提示我在指示学生的时候要说得更具体，使我的警告不会再造成任何误解。

8. 行为改善时给予积极的反馈

每个人都喜欢积极的反馈，学生们尤其如此，他们对于老师对待自己的态度特别敏感。矛盾产生后，孩子总是觉得老师不再喜欢自己了，即使是很小的矛盾。如果出了什么问题导致私下谈话，要他们承担后果或惩罚，那就找机会表扬一下这个曾经表现不好的学生。如果他表现良好，让他知道你注意到了，而且很感激他的进步。有些孩子不喜欢得到公开的认可，但打个电话说谢谢、写张纸条、握握手，或者是在作业本上写评语不会遭到他们的反对。

9. 把学生看作一张白纸

除了给予积极的反馈外，一定要让你的学生明白，做的错事并非永远无法磨灭。就像我们会把服刑完毕的罪犯释放一样，我们必须给学生第二次机会。当然，错误越严重，学生重获你信任所需的时间就越长，但是如果你清楚说明不会心存芥蒂，这个学生以后会更有可能与你合作。

10. 找出频繁捣乱的原因

如果同样的捣乱行为总是得到相同的惩罚结果，那么谁都不会从经历中得到教训，每个人都会错过宝贵的反省机会。如果课堂上频繁出现一个问题，就是学生在发出清楚的信号，说明他在某个具体方面需要帮助。找出导致某种行为的原因可能需要一些时间和努力，但是下面这些方法可以让你的时间花得物有所值：

闲谈、没有任何惩罚意味的简短谈话、在日记中交流看法、打个电话、与亲近的朋友私下交谈，或者是其他能帮助你了解某个学生为什么会有某种表现的方法。学生频繁捣乱经常是想让老师送他们去找辅导员或者心理医生，或者是想让你询问他的家庭情况。如果你无法和这个学生交流，那就问问其他同事有什么建议。大部分学生都有最喜欢的老师、教练、教学秘书、校车司机、保安、校警、监护人或者辅导员。

11. 留心奖励良好表现

如果你把注意力放在奖励良好的表现上，而不是专注于惩罚不良行为，就会在课堂上建立一种很好的气氛。奖励学生和讨好学生是不一样的。讨好是为了引诱某人做某件事，唯一的目的是获得奖赏。当然，我们不想让学生以为每次努力或者配合老师都会得到奖赏——因为这是不可能的。世界不是这么运转的。但是如果表现出作为公民和学生的责任感，他们当然会得到奖励。我们都喜欢听积极的反馈，形式可能是口头表扬、作业高分、升职、加薪、颁发证书或其他表达认可的方式。

12. 无计可施时再送到校长办公室

很久很久以前，在我非常小的时候，被送到校长办公室可是件大事。校长会责备你，家长会追究你，兄弟姐妹会因为你给全家人抹黑而躲着你。如果今天再把学生送到办公室，很有可能这个学生会拒绝离开你的教室，或者干脆彻底离开校园。即使他配合，也可能在等待区和别的学生说说笑笑一个小时，或者是在放学留校的教室里读漫画书、做猜字游戏，或者看着墙壁发呆。

如果把学生送到校长办公室，结果可能与你预期的大相径庭。校长一般不太鼓励老师这么做，学生并不总是在乎自己能否通过你的课或者毕业，父母也并非都是接受现实或者承担抚养孩子责任的人。最糟糕的情况是，学生或他们的家人可能诉诸法律——不管是否有效——来回避个人责任方面的真正问题。

除了显而易见的原因，我不送学生去办公室主要是因为我不喜欢最后导致的恶性循环：学生捣乱，你把学生送到办公室，学生很生气，很尴尬，还把这些感觉全部归咎于你，甚至把校长的惩罚也归咎于你；学生落下几堂或者几天重要的课程，回到教室后仍然很生气或者很窘迫，或者急于报复；你又回到了循环的开始，准备面对又一轮恶性循环。

你可以用同情心和创造力打破这个毁灭性的循环，给出其他的解决办法。善良和富有同情心不一定等同于懦弱。学生理解这点，但有很多学生无法立时接受。我还是建议从学生的角度考虑。如果他们犯错，或者不够出色，你的任务就是迅速让他们改正，不要挫伤他们的自尊心。

八、改善纪律的12个步骤

“理论很不错，但我需要实际建议。”在一次研习会上一个年轻的老师告诉我，“你能不能告诉我该如何对待我的学生？我应该跟他们说什么？”我用下面这12个步骤来回答他的问题。

1. 对捣乱者视而不见

学生常常做出某种行为来试探老师的反应。如果你很容易不高兴、生气甚至发火，他们就会利用你的暴躁脾气。而如果你不去管那些微不足道的捣乱行为，它们常常就会自己消失。

2. 发出非语言讯息

我们对身体语言都会有所反应。实际上，大部分研究人类行为的学者都认同我们80%的交流是非语言的。通过眼神交流，改变声音、姿态、手势和动作，充分利用这种有力的工具提醒学生他们正在靠近一个危险地带。最重要的是坚持走动。在教室里走来走去的老师遇到的行为问题少得多，因为学生对自己和老师之间的距离会自动做出反应。如果这个距离一直在不断改变，学生就更有可能约束他们自己的行为。

3. 使用幽默去化解紧张

如此多的成功演讲者都以幽默开场是有原因的。幽默会改变整个房间的气氛。你也可以使用这一方法去化解你与学生之间的紧张气氛。（你还可以回想第5章对关于说服的研究所做的探讨。）

我偶然之中发现了幽默的好处。当时我正让我的高三学生写俳句。一个不合作的男生连尝试都不肯，好言相劝也没有用。我知道警告往往会打击创造性，所以我放弃了这个念头。我跪下来，双手交叉握住。“我是一个老太太，”我说，“请别让我求你。这样一点都没有魅力，还会损伤我的膝盖。”这个男生摇了摇头，朝他的同学翻了个白眼，但到底还是没忍住笑了。当我起身往回走时，他已经开始写俳句了。

还有一次，两个学生模仿拉美裔歹徒，带着墨镜悠哉地进了我的教室。我知道，他们想让我命令他们摘掉墨镜，引发一场对抗。令他们没有想到的是，我走到他们后面，轻柔地用西班牙语唱起了《Lo mucho que te quiero（我多么爱你）》。他们笑出了声，严酷的表情荡然无存。随后，我抬头一看，两人都摘掉了墨镜。

4. 发放行为卡片

因为许多学生都是视觉学习者或动觉学习者，可能对言语要求不会做出反应，或者在你提醒完他们安静或者坐下以后，过几秒钟他们就又忘了。用带颜色的卡片制作一些行为卡片，便于在班上发放并收回。

针对年龄小的孩子，你可以这么写：

停止现在的行为开始思考 你需要更加有礼貌 一会儿我要找你谈话

针对年龄大一点的孩子，你可以这么写：

你目前的行为是不可以接受的 请更有礼貌一些 下课后亲自将这张卡片还给我

如果某个学生开始扰乱你上课，走过去放一张卡片在他的桌子上。大多数情况下学生会停止当前的行为（如果你投放卡片后有的学生视而不见，甚至扔在地上，请看下一步）。

5. 简单聊几句

如果非语言信号和行为卡片都不能激励学生，那就让他到门外去。不要担心其他的学生，他们会对看热闹很感兴趣，虽然你在走廊的时候他们会议论纷纷，但等你回来时，教室里一定很安静。

问这个学生为什么会有这种捣乱、叛逆或不尊重的行为。如果他说有原因，而且理由合情合理，那你就想办法去解决。如果这个学生说不出任何原因，你就问他你是否冒犯或侮辱过他。如果你有，那就道歉，和他握手言和；如果你没有，告诉这个学生该好好想一想了。这是我发出警告时说的话（你可以选择为年龄小的学生改变一些措辞，但是这段话的中心思想应该保持不变）：

你有权不通过我的课。如果你真的想不及格，那我希望你把这种渴望以书面形式交给我，好让我存档，等将来如果你和你父母质疑你的成绩，我好给你们看。如果你不喜欢我布置的任务，我很抱歉，但我是老师，我选择某些任务是因为我觉得可以教给你们重要的知识和技能，你不是非得做完每一个任务。如果真的不想做，你有权利坐在那里一动不动，但你无权扰乱我上课，妨碍其他同学学习，或者是用如此恶劣的扰乱课堂的行为浪费大家的时间。

问这个学生是否准备好回去上课，配合老师教学。如果是，那就握握手了结此事，如果不是就该进行下一步了。

6. 面壁思过

让学生站在门外（如果孩子很小或者学校严格规定禁止学生在走廊里罚站，那么让他站在教室后面）。让他考虑自己当前的行为，是否还想继续下去。静静地走进教室，给学生时间思考自己的行为。偶尔走出去看看这个学生是否准备好和你谈话了，如果没有就让他继续站在那儿。必要情况下，把他一直留到下课或放学。告诉他你是想帮助他做一个成功的学生、成功的人。提醒他如果跑掉了，就要向办公室报告他逃课，然后这件事就不是你能决定的了。如果他不逃跑，也不和你谈，那就先别管这件事，看看第二天会发生什么。一般学生们会假装若无其事，你也可以这么做。

7. 重建你们的关系

有时老师和学生之间的关系从一开始就由于或这或那的原因进展很不顺利，最终导致相互争执。曾经一个学生在入学几周后的一天告诉我，开学第一天她差点逃课。因为用她的话说“你看我的眼神很刻薄。”我坚持说我没有。在她进我的教室前我从没见过她。“我知道，”她说，“但我经过你的教室门口，你看我的眼神很刻薄。”我没有印象曾见过她，但显然当她经过时我正在集中精力皱着眉头思考。幸运的是，当她了解我之后，发现我并不刻薄，但仍花了几周时间才和我热络起来。

这个例子说明这样一个事实，你可能并不知道你和某个学生为什么合不来。但是如果你发现自己不断因为或这或那的原因指出某个学生的错误，那么在责备这个学生之前先后退一步，评估一下你们之间的关系。你不大可能喜欢你遇到的每个学生，同时，也并非每个学生都喜欢你。但为了你们好，你仍需要和他们和睦相处。如果你意识到你不喜欢某个学生，或就是关系不好，那么该是你加以改变的时候了。你有成绩册和教学权威。你可以做到仁慈和慷慨。安排这个学生作为你课堂上的小帮手，相互之间会有更多了解。使用私人日志去建立书信联系。转交给这个学生的家长一张态度积极的便笺，切实表扬学生的进步。或者让一位学校辅导员参与你与这位学生的谈话，努力学习如何使彼此更好沟通。告诉这个学生你欢迎她午休时来办公室找你。并且当她到来时给她点好吃的令她惊喜，然后坐下来闲聊。她对于美食和闲聊可能喜出望外，因此很可能会使关系和缓。当你和学生会面时，不要性急。这需要些时间。如果学生知道你只有十五分钟或半个小时的时间留给他们，他们往往会期待谈话沟通快点结束，因此在这种情况下不大可能敞开心扉，吐露真心。此时，再多聊只会让你处于被动。不要期待立即见效，当学生对于你希望沟通的意图看上去满不在乎，不要气馁。相信我，他们在乎。甚至是十几岁的青少年也一样。

另一个选择是，如果你和学生们关系很融洽，而他们又知道为什么你班上的捣乱分子频繁违纪，你需要谨慎地让你的学生们信赖你，和你保持联络。曾经有一个女生向我吐露，我班上的一个男生变得行为不羁是因为他的双胞胎兄弟死于事故。这个女生说：“他过去不是这样的。”我了解到这些情况并不能转变这个男生的行为，但它确实改变了我对他的看法和态度。

8. 给犯错的学生打电话

一天晚上，经过痛苦的一天，我给一个学生的父亲打电话，因为那个学生在90分钟的课上一直慢悠悠地高声吹着口哨，令人厌烦，简直快把我逼疯了。他父亲没在家，这个二年级的学生接的电话。

“你知道我是谁吗？”我问道。

“知道。”他小声说。

“我对你今天的行为非常失望，”我说，“我喜欢你，但是我不喜欢你的行为，可以说是非常讨厌，而且那还干扰了我的教学。对于我来说成为出色的老师非常重要，我不想让你再这么做了，明白吗？”

“好吧。”他说道。

他再也没有在我的课堂上吹过口哨。于是我就开始直接给学生打电话，讨论他们的行为。大多数情况下这种电话比给家长打电话更有效，因为学生们可以对自己的行为负责。一般地，当学生行为有所改善后，我就给家长打电话——告诉他们我非常高兴教他们的孩子。

9. 签“契约书”

就像行为卡片能有效地从视觉上提醒容易忘记口头指示的学生一样，学生契约也是书面提醒那些保证会配合的学生的一种方式。你的契约不需要太过详尽，也不需要局限于某种格式。有些老师会用带学校抬头的纸，让契约书看起来更正式，他们只需要填空。有的老师会让学生自己写一份协议，说明要改善何种行为，一旦违反契约要承担什么样的后果。

就像积极的鼓励会带来更快更持久的良好行为一样，积极的契约也会促进师生之间形成更快更好的合作关系。不要列出学生不会做的事，要列出他们会做的事。如果可能，再加进去一些奖励。例如，如果这个学生30天（或者60天）不违反契约，就会因为良好的表现获得10分，这个契约也同时废止失效。想一想如果交警给你30天的时间改正，而不是马上给你开罚单，你会多么乐意主动配合。

10. 呼叫救援

有时候即使最优秀的老师也会遇到顽固不化的学生。如果前面9个步骤都失败了，还是有学生严重扰乱课堂，那么你不要浪费时间责备自己。很明显，这不是简单的性格不合或者一般的捣乱了，问题严重多了。你可以选择呼叫救援。叫保安带这个顽固的学生去校长办公室，去找校长寻求建议和支持；或者给家长打电话要求见面会谈；如果家长或者监护人不愿意帮忙，或者他们本身就是问题的主要诱因，那就看看能不能找到学生已成年的亲戚，像姑姑或叔叔；询问一下校车司机和学校的保安人员，看看他们是否和这个孩子相处得比较好；找你学校的辅导员或心理专家沟通一下，让他们跟学生谈谈，给你建议一些其他办法尝试一下；找一个教练辅导这个学生；如果你所在的社区有导师计划，看看这个学生是否有导师，如果没有提出一个紧急请求。

11. 要求换班

如果你所在的学校规模很大，还有同一水平的老师，看看哪位老师愿意接受这个学生，换到他的班级（当然，你和这位老师不能私下里让学生换班，但是如果两位老师都同意，行政人员更有可能满足你们的要求）。

在小规模的学校里换班是不太可能的，你可能会遇到也有个问题学生的老师。提出每天在特定时间段交换学生，让你和学生能分开一段时间。

12. 让捣乱者离开

如果你用尽了所有手段，某个学生还是扰乱你上课，妨碍其他同学学习，那你就需要让这个学生离开教室——用非正式的方式。（在第4章“准备材料——准备‘捣乱行为’文件夹”和第5章“纪律危机急救计划——3. 处理扰乱课堂纪律的学生”都有介绍，在此不再赘述。）我自己曾经成功使用过这个方法，我也推荐给许多处于绝望中的老师，他们都说这个方法很有效。

当然有可能你的领导（或者是你的同事）反对你这种应急措施。如果发生这样的事，可以解释说你已经用尽各种合法手段，但这个学生还是让你无法教学，让其他同学无法学习。要求管理人员支持或协助的时候要提供日期和时间，纪律情况报告的副本，任何一次会谈的细节，打电话或见家长的日期和时间。

九、如果必须让学生留校，那一定要有意义

有些学校坚持设立放学后留校中心，许多学校要求教师轮流看管留校的学生。如果你所在的学校这么做，你又没法说服管理者或同事尝试其他的办法，那就尽量充分利用放学后留校的机会。不要强迫实行不许说话的规定或者监督浪费时间的活动，找一些有趣的文章——青少年而不是成人觉得有趣的文章。比如我的学生对大众电影的影评、有关体育明星或歌星的文章、有关不明飞行物和在身体上打孔这样有争议的话题、流行心理测验、有关书写风格分析的自助性文章、如何成功约会、控制愤怒、制止恃强凌弱行为等文章反响很热烈。

如果一个房间里都是叛逆情绪高涨的小家伙，千万别强制阅读。把文章发下去说："这里有一些有趣的文章我们可以读一读。"然后给他们几分钟时间翻看一下后，你可以大声朗读其中一小段，有些学生会跟着你读。如果有人看起来感兴趣，就让学生自己读。如果没有人主动举手，那你自己大声地把文章读一遍后，鼓励学生讨论这篇文章。但是如果他们更愿意保持沉默，也不要强求。留校教室里可能有一些粗暴、恃强凌弱的人，很多学生宁愿保持低调，但这并不意味着他们不感兴趣。继续你们的讨论，摆出你的观点。把文章收回来，让学生继续无所事事。无所事事很无聊，所以有些学生就会考虑你刚刚说的话。有些人还可能受到启发，接着思考几分钟，这是一个好的开始。

注意：你鼓励学生思考的努力可能会产生意想不到的效果。有个老师曾经跟我说，在看管留校的学生时她组织了简短的心理

学课程和讨论课，下课铃响时，学生们经常抱怨时间不够。几周后，有的学生开始主动要求放学后留校上她的课，因为他们上她的课非常开心！

十、做好记录

不管你使用什么行为准则，为纪律问题建一个文件夹（如第4章我建议使用的“捣乱行为”文件夹）。记录你是如何帮助学生的，标注好每次维持纪律的日期。你不需要记录和学生谈话以及面壁思过的事，除非有学生开始表现出严重的行为问题。这种事一旦发生，把每一个细节都记录下来——警告、行为卡片、打过的电话、写给父母的纸条、给办公室的报告（在这个过程中学生可能会消失或者推诿），要求管理人员和其他老师的帮助。这个记录不但可以在极少发生的法律案件中提供证据，还会说明你是否在评分期最后或者在新单元开始时会因压力过大而容易发脾气。

十一、咨询专家，但要遵从自己的心声

在制定纪律规定之前调查各种资源，寻找各种选择。找一个你能理解，而且适合你教学风格的方法。不要因为觉得自己应该有一套规定就套用别人的方法。孩子天生有判断成人是否真诚的潜能，如果你不真诚就只能听天由命了。如果你想实施一个并不是完全赞同的行为规范，那教室里的每个人（包括你）都不会重视它。

从你的教授或同事那里得到建议，做完自己的研究以后，如果发现自己不知道如何解决纪律问题，你可以对这条黄金法则进

行现代演绎：期待别人怎么对待你，你就要怎么对待别人。不要仅仅把规定贴在教室里，你自己也要遵守规定。期待学生怎么对待你，你就要怎么对待他们。一开始他们可能反应慢一些，有些人还需要离开课堂一两次，但如果你真心尊重他们，让自己的行为达到高标准，最后他们会心悦诚服的。最终你会找到一个对自己对学生都有效的方法。

如果你在课堂上遇到了一个顽固不化、屡教不改的刁钻学生，死活就是不听从你的教导，那你也要坚持到底。在洗手间里挂一个日历，每天晚上刷牙的时候都可以看到日历，提醒自己你又熬过了一天。不要放弃希望，不要把学生的行为当作是针对你个人的，他们也会像折磨你一样折磨其他老师。撇掉内疚或者没有价值的感觉，我们大部分人都有过这样的经历。

十二、教师崩溃紧急预案

偶尔几个问题同时出现，会把老师逼到忍无可忍的地步。在这种情况下，即使最优秀的老师也会失控。学生感觉老师处于崩溃边缘时，几个富有同情心的孩子会好好表现，但是大部分学生都会肆无忌惮，非要把老师逼到爆发不成，就算是那些并不邪恶或冷漠的学生也会做出这种事。这是由一些特别的因素和群体效应导致的，是你无法控制的。

我记得一个精力充沛的老师，她有7年在加利福尼亚高中教高年级学生的成功经验。她的学生很崇拜她，毕业生经常回来表达他们的感谢。有一天她班上一个学生毫无前兆地站起来，开始责备她的教学方法和课程设置。这位老师一时没反应过来，和这个学生争辩起来。不久后全班同学都站到那个同学的一边，力量斗争很快变成了鲨鱼吃小鱼。最后这位老师哭着跑出教室，准备辞职，永远放弃教师这个职业。幸运的是校长拒绝接受她的辞职，他和这位老师、几个学生以及他们的家长开了个会。家长都支持老师，而且给学生施加了很大压力，防止他们再攻击她。几周后这些学生又继续崇拜他们的老师了，但她好多年后才找回了当初的自信，到后来她还承认仍然怀疑自己。

目睹这位老师的痛苦后，我为她感到惋惜，但是我不相信自己会碰到同样的事。的确没有过。在我的课堂上没有人站起来批评我的教学，夺走我的自信。但是为了以防万一，我制定了一个崩溃紧急预案，存档放了起来。几年后在新墨西哥州，我从一个长期代课老师手里接过一个班级。这位代课老师不想离开，于是费了很大的力气鼓动学生反对我。有几个学生偏向我，但是一个个小团体的领头人和前任代课老师力量太大，这几个学生也无法招架。我不想细说，但我可以说那些学生要比我教过的那些所谓危险、屡教不改、行为错乱的学生邪恶固执得多，甚至胜过那些曾经在劳教所坐过牢的学生。我意识到自己变成了小鱼的时候便拿出了我的计划。

1. 一定要称职。确保未来几周的课程计划（或者是大纲）都准备好。检查你的代课文件夹是否包括了课程计划、点名册和紧急疏散信息。

2. 精神放松。这是紧急事件，不要觉得非得做详细说明。给办公室打电话，说你病得很厉害，如果感觉舒服了会联系他们。如果你有配偶或朋友能替你打电话就更好了。至少去看一次医生，心理医生、咨询师、治疗师、按摩师，或者其他能帮你减轻压力的专业人士，但是不要假装生病，压力本身就是个严重的问题。至少给自己三天时间，一周更好。

3. 认真思考一下。你真的想当老师吗？还是你觉得自己喜欢当老师，但是最后发现自己讨厌去上班？你有没有挣扎了很久才找到足够的快乐和满足感，促使你愿意提高自己的教学技能？或者你必须承认自己天生不是当老师的料，不管你多么想去做？

4. 如果你意识到自己不想当老师，那就算一算最快可以什么时候辞职。你还有其他维持生计的手段吗？你现在辞职能生活下去吗？如果你现在不能辞职，建立一个更新简历的计划，开始找工作。联系具有职业精神的同事，让他们写推荐信。不要抱怨自己的工作，告诉他们你就是考虑以后换一份职业。专注创造你想要的生活，而不是痛恨你现在的生活。转移一下注意力会让你更容易教下去，直到能够离开。知道自己不会永远困在这儿，你是有选择的，也可能带来很大的不同。你可能会发现一旦你决定不当老师了，反而很放松也很开心，也许最后会决定留下来。

5. 如果你觉得自己想当老师（或者你在能离开之前必须当老师），那度假回来的时候就要把教室做个大改变。计划改变教室里的所有事物——从装修、家具摆设到学生座位、设置规定和步骤，同时计划改变你的态度、方法、姿态和你说话的声音。买一套西装或者其他体现出“权威”的衣服，到当地的图书馆或者书店去寻找关于显示权威的衣着指导书——黑色西装和白衬衫是典型的权威套装。

听起来可能微不足道，但脚上的鞋也很重要。你可能得放弃一会儿舒适了。找一双带跟儿的鞋（靴子更好），走路的时候能发出权威性的响声，而不是高跟鞋那种娇气的声音，或者是网球鞋的嘎吱嘎吱声。如果教室铺的是地毯，争取每堂课离开教室一两次，让学生听到你干脆走回教室的声音。进门之后坚决地把门关上——不要摔门，而是优雅而坚定地关上。

6. 改变教室的面貌。设计一种新的摆设方法。如何摆设不重要，重要的是建立一种新的面貌，你要让学生马上明白情况不同了。把桌子放在一个不同的角落，把一些文件柜换换位置，挂几张新海报或者绘画作品。

7. 重新安排学生的座位。如果你一直是半圆形或者U形摆放，改成把椅子摆成一排。如果你用摆成几排的方式，那就找一个形状适合的教室。

8. 制作一个座位图。用你放在家里用于计划的一本备用点名册，制作一张把最强硬的学生分开的座位图。把一个起带头作用的人安排到距离你大本营最近的位置，再把另一个安排在门口的位置，万一需要让他出去则不需要走太远的距离。安排那些听话懂事的孩子坐在一起，互相支持。

9. 打造一些非常有趣、难度很大、需要学生做大量工作的课程。让学生而不是你成为焦点。上网搜索，读杂志和期刊，到图书馆和书店寻找灵感。www.teachers.net网站提供了许多链接和建议。

10. 周五早上打电话请假，告诉学校你周一去上课。周五的时候去看场电影或者吃顿大餐，试着放松一下，因为你周末还要继续工作。周末的时候去重新布置教室，把一切安排妥当。周日晚上散散步或者锻炼一下，有助于自己睡得更好。

11. 周一早上比平时早起半个小时。做做健美操、瑜伽、冥想或快走——任何能让你血液流动、心脏跳动比平时快一点的事。你要为一次重要比赛而训练，所以一定要吃早餐。穿上体现权威的衣服，拿起课程计划，比早去的学生去得更早。在黑板上写下第一个任务的说明，然后站在走廊里。把门口挡住，这样一次只能有一个学生通过。学生开始陆陆续续来了，看着每一个学生的眼睛说："欢迎来到我装饰一新的课堂。"然后指示学生在新的座位坐下。不要讨论座位安排的事。如果有学生问，就说："我们一会儿再讨论，现在我很忙。"

12. 大家都坐好以后，告诉他们你前几天为什么没有来，告诉他们你不喜欢前一阵子教室里发生的事，所以你认真考虑了一下，做出了一些重大的改变。如果你决定放弃当老师了，就告诉他们你在考虑重新选择未来，而且你有很多选择，因为你是大学毕业，但你目前还没有做出任何事业方面的决定。你对自己的课堂做出了一些决定，你做事的方式将发生改变：如果有人打断你说话，马上叫保安送他去校长办公室。如果情况很糟糕，你最后把全班同学都送到办公室了，那也要送。让管理层去支持你，这是他们的工作。如果你的领导不帮忙，整个学校都混乱失控，考虑换一个学校去工作，同时在所在的学区或者附近的学区做代课老师，或者是休假。就像一位老牧场主曾经告诉我的："如果你无法撒泡尿就熄灭整个森林的大火，千万不要责备自己。"

而如果你决定继续当老师，告诉学生你的决定。告诉他们你为什么想做个老师，他们可能不知道大多数老师是多么敬业。解释说你想帮助他们取得成功，并且为了使之实现你已经做出了一些改变。告诉他们每个人最初都是一张白纸，你希望他们有自制力，能自我尊重。然后开始上第一节课。

祝你好运！教师是个很有难度的职业，但是如果你下定决心真的想当老师，你的决心和真诚会带你走向正确的方向。

讨论思考题

① 用一两句话明确表述你对于纪律所持的观念。

② 你使用（打算使用）什么课堂规定？为什么？

③ 教师应该何时向学生介绍课堂规定？怎样介绍？

④ 在小组中或在日志中，描述你学生时代在学校遵规守纪的一次经历。这次经历如何影响了你的人生态度和行为方式？

⑤ 教师分组，为特定年级的学生制定恰当的纪律计划。

Chapter 7

The Three Rs: Reading, Reading, Reading

第 7 章

解决学生阅读问题的 9 个方法

除了上过本科阅读指导课，我从没接受过任何关于阅读的训练，但教完那些对什么都提不起兴趣的青少年，我发现阅读是阻碍学习成功的最普遍原因。经过多次尝试，犯了无数错误，我学会了如何鼓励不爱读书的学生打开书本。经过海量阅读和研究，以及总结大量实践经验，我归纳出9个解决阅读困难的方法。

一、缺乏人性化的阅读指导，将抑制学生的学习兴趣

所有的孩子在一生中的某个时候都会对阅读产生自然的好奇心，不幸的是我们的体制无法促进这种自然本性的发展。我们坚持要求所有的孩子都必须在同一年龄开始阅读，因为这样方便成人把孩子按年龄分组，然后不管他们是否准备好同时进行。更加“罪孽深重”的是，我们坚持让一个教室里所有的孩子都以同一速度学会阅读。（我这里要说明一下，我不是在责怪小学老师。通常一个班级有太多的孩子，没法挨个关注指导，这并不是教师的错。）许多孩子因为无法跟上其他同学或者被迫慢下来等着其他人而觉得气馁沮丧。有些人失去了自信，觉得自己无法学习，还有些人因为感到无聊而对学校失去了兴趣。

二、儿童有自然的兴趣时，学习阅读的效果最好

我曾经读过几篇关于学生如何自学阅读的文章，其中说到儿童表示出自然的兴趣时是教授他们阅读方法的最佳时机，如果在学生准备好之前强迫他们阅读可能会导致儿童抵制阅读。读完这篇文章，我决定在自己6岁的继子身上做实验。布莱恩是三个孩子中最聪明、最外向，也是最小的一个，他在学校完全拒绝阅读，而且还总是告老师的状。我并不觉得奇怪，因为他在家里也从来不看书。布莱恩的老师和我们家所有人都竭尽全力想说服他试一下，但是第一学期结束了，布莱恩仍然是班上唯一不肯阅读的学生。他的老师担心第二年上二年级的时候他会被远远落在后面。我们束手无策。布莱恩的视力没问题，学校的辅导员也没有发现他学习能力有缺陷的任何迹象。他喜欢有人读书给他听，但是坚持说自己不会读。我的结论是布莱恩拒绝读书是因为还没有准备好放弃被宠爱的感觉，他仍然想得到关注，而且喜欢当这个家的小宝贝。

全家人开会讨论，最后我们决定让阅读看起来十分有趣，使得布莱恩无法再抗拒阅读的魅力。那个周末，布莱恩的爸爸、哥哥、姐姐和我都选择了自己最喜欢的书，在周六的早上待在起居室里看书。看的时候我们时不时会笑出声来，然后彼此分享书中的细节。我们没有读给对方听，而是拿书给对方看，对方也认同地哈哈大笑。布莱恩让我们读给他听，我们就说："等会儿再给你读吧，现在我想看这本书，我太喜欢这本书了。"

大概有20分钟，布莱恩从一个人问到另一个人，把屁股凑到我们旁边的椅子上或者爬到沙发后面偷看我们的书。我们对他视

而不见，继续看书。最后布莱恩消失了，跑到他自己的卧室，回来时拿了本谢尔·希尔弗斯坦的诗歌。他打开第一页，开始默默阅读，然后学我们笑得很大声。

“你在干什么？”他的哥哥肖恩故意问他，“你不会阅读。”

“我也会读，”布莱恩坚持说，“听着。”然后他慢慢地读了一首短诗，“听到没有？我说我会读。”

“太棒了！”肖恩说，“布列吉特，你听到布莱恩读的那首诗了吗？”

“没有，没听到啊。”布列吉特装糊涂，“布莱恩不会阅读。”

“我能！”布莱恩说道。接着又读了一遍证明。

“这首诗我给他读过一百多遍，”布列吉特说，“他背下来了。他不会阅读。”

“我能！”布莱恩大声喊道。他翻到下一页，又读了一首诗。

虽然我们不能用这种明显是儿童心理学的方法来应对年长的孩子（或者是非常早熟的孩子），却能为各个年龄段的学生设计那些让他们觉得阅读很吸引人、很有趣的活动，这样取得的效果将会更好。

三、讨厌读书的孩子是教出来的

孩子不会天生讨厌读书，他们小的时候都很喜欢读书。随身带着书，一遍又一遍看里面的图片。他们会咬自己最喜欢的书的边缘，就好像是想把心爱的书吃掉。蹒跚学步的孩子也会要求睡觉之前父母把同一个故事讲上50遍、100遍。是什么把那些小时候热爱书籍的孩子变得如此固执地讨厌读书呢？

我们成年人要负全责。因为在他们没有准备好的时候就强迫其读书，而且要求以超出他们能力的速度阅读，读得不好就会被耻笑或者羞辱。在他们感觉不自信的时候仍被要求大声朗读，即便不喜欢也要被迫坚持读。虽然我们的初衷是好的（我们希望孩子喜欢阅读），但结果实在很糟糕，我们把生活中最愉快的休闲时光和最根本的技能变成了可怕的经历。有些人一生都不热爱读书，就因为儿时那些可怕的经历。

四、第一次阅读经历往往影响自我认知

如果你问一个成人“你认为自己的智力高于、等于还是低于智力平均水平？”，大部分人会对自己的智力水平有清楚的认识。但我发现很有趣的是，如果我再问这个人在多大的时候对自己的智力有了清醒的认识，几乎所有人都说是在刚上学的头几年，学习阅读以后才了解自己有多聪明。不管我们怎么称呼他们，学生们永远都知道谁阅读快（也就是“聪明的孩子”），谁阅读慢（也就是“愚钝的孩子”）。他们知道自己的阅读速度属于快还是慢，他们相信这个和智力有关，大部分人一辈子都会这么想，判定自己是聪明、愚钝还是一般的根据就是他们的阅读速度和阅读质量。

因为第一次阅读的经历让那么多人铭记于心好多年，所以我鼓励小学老师将学生随机分组，而不是根据阅读速度和阅读能力分组。当然在理想的世界里，学生学习这个关键技能的时候可以接受单独的指导，但现实是我们只能去接受不太完美的学校。我还鼓励教师允许学生以自己的速度阅读，即使这意味着速度慢的学生不如速度快的学生读的内容多。有些孩子就是不能达到老师

要求的阅读速度，一旦允许他们以自己的速度阅读，那些孩子是能够学会阅读的。有一个小女孩在不到两个月的时间里从不及格提高到了全科A，因为我说服她按照自己的速度慢慢读，不要再去尝试快速阅读。

五、找出问题所在

讨厌阅读的人阅读水平就差，这道理讲得通。我们不喜欢做自己不擅长的事，特别是在公共场合。但阅读是非常重要的技能，老师必须弄清楚学生为什么不喜欢阅读，这样学生才能在学校和以后的工作岗位上取得成功。没有良好的阅读技能，上学就等于痛苦的挣扎。不幸的是，智商很高可能会把阅读问题掩盖许多年。就像是盲人的听力非常灵敏一样，不擅于阅读的人可能会在其他技能上有突出表现。阅读能力差的人常常记忆力和模仿能力很强，他们也能出色地解读肢体语言——从老师面部表情和姿势的细微变化看出要传达的信息。阅读能力差的人经常能掩盖自己阅读理解能力匮乏的事实，直到上了高中一年级，这时候的课文和概念非常复杂抽象，已经不能光靠记忆了。不管多么聪明，如果他们读不懂题就无法回答数学题，而且他们也无法记下整本生物书。

刚开始教厌学班和辅导班的时候，我曾经想过有多少进入高中的学生无法阅读或者只能看懂最简单的书。许多人都承认自己上了10年学，除了老师强迫“填鸭式”地读过一些，从来没有主动读过一本书。他们的老师当初是怎么想的？学生明显不会读书，也要让他进入下一个水平的学习？我真想知道。

之后，我开始在开学第一天对每个新教的班级进行非正式的调查，问大家："你们多少人喜欢阅读？"总是有几个人会把手举起来。然后我又问："多少人讨厌阅读？"通常会有一半的学生疯狂地挥舞手臂，空气中充满了消极的情绪。我们一般会花二三十分钟的时间讨论一下阅读的感受，以及为什么讨厌阅读的人会有这种感觉。下面是我那些讨厌阅读的学生（从6岁到51岁）解释自己为何讨厌阅读时经常给出的理由：

1. 阅读让他们头疼、眼睛疼。

2. 他们认为自己会遭遇尴尬，因为老师会强迫他们大声朗读，引起其他同学的嘲笑（更可悲的是有时候老师也跟着笑）。

3. 他们不得不读那么多不感兴趣的材料。

4. 他们知道在课堂上一旦开始读了，就要读完，不管文章有多么长，多么难，或者多么无聊。

5. 他们知道自己要接受关于阅读内容的测试，阅读成了苦差事，而不是一种获得信息、转换新视角或者娱乐的方式。

6. 因为缺少基本的理解技能，他们读书的时候会迷惑不解。

7. 他们认为赶上进度是没有希望的。如果读低于自己所在年级水平的材料，他们不明白将自己的技能提高到下一个水平并不需要整整一年的时间。

8. 他们觉得如果要求以口头或者书面形式表达自己对一本书或者一个故事的看法，他们会因为说实话而得低分。他们知道老师希望学生的看法和自己一样。如果学生说不喜欢某本书或者某个故事，老师就会和他们争执，或者让他们觉得自己很愚蠢，不懂得欣赏。

六、针对厌读学生的8个建议

针对那些讨厌读书的学生指出的上述八个问题，我想建议下面这几个解决办法。

1. 和学生讨论暗光敏感症

最近的研究表明，几乎有一半被认定为学习能力差的人其实都患有暗光敏感症——也就是对光敏感。患有暗光敏感症的人觉得印在亮面纸上的材料阅读起来很困难，有时甚至会觉得很痛苦。对比度强的印刷材料，比如说在白纸上印黑色的字，是暗光敏感症患者最难以阅读的材料，不幸的是这种印刷方式是教科书和其他课堂材料最常用的印刷方式。

你可能注意到有些学生会上身倾倒在桌子上，用手臂环绕着书或者卷子。有时候老师以为学生是在保护自己的书和卷子，实际上那些学生常常是在利用阴影来方便阅读。许多学生戴棒球帽，帽沿压得很低，都是出于同一个原因——并不是叛逆的表现。

也许经过长时间的阅读后，你会感觉书上的字让你眼睛疼，或者觉得自己需要揉揉眼睛才能让视线清楚，这样你就会明白暗光敏感症患者一直以来的感受了。可悲的是你越是想集中注意力，不适感或疼痛感就越强烈，我甚至见过看几分钟书眼睛就发红甚至流泪的学生。更可悲的是许多学生因为患有暗光敏感症，拒绝在课上阅读或者为了逃避阅读而捣乱，故而被说成是行为有问题，于是被送到了特殊班或者叛逆儿童项目。

根据我自己的经验，一个辅导班可能有一半的学生都有暗光敏感症的症状，使用彩色透明塑料膜或者过滤器阅读后马上会有积极的回应。其他老师也曾报告过同样的成功例子。

加利福尼亚州北部芮勒的一位教育咨询师给我讲了她给当地一所高中的学生进行测试的经历。校长让她测试一个曾经说脏话，扰乱课堂，正在接受戒毒休养治疗，多次被学校勒令休学的学生。因为校长给了他好多次机会，这个男孩总是得以回到校园。

“这个孩子积极回答我的问题，”这位咨询师告诉我，“他经过筛选测试以及使用塑料膜后，三周时间他的英语课分数就从不及格提高到了A。他的校长打电话告诉我这个好消息，叫我回去再给30个学生测试一下，其中28个患暗光敏感症。有个男孩甚至有三叉神经痛，他阅读的时候一直跟着他看到的灯光摇晃脑袋；另一个男生说他一打开书就会看到红色、绿色、金色和蓝色的小点。”

有关这样的信息很多不错的网站上都有，但是你可能要从www.nrsi.com和www.irlen.com 开始，先搜索一下保罗·怀廷博士的科学研究，他在悉尼大学任教期间曾经在期刊上发表了一篇名为《阅读到底有多难》的文章。

同时还要注意一些有关定期视力治疗、视觉交错问题或者不断发展的视光学的新研究。视力都是2.0并不意味着这个学生就没有视力问题。2004年8月，视觉发展验光学学院在新闻报道中发布的一个消息说，因为症状相似，由分层技能模式导致的视觉紊乱可能会被误诊为学习障碍或者注意力缺陷多动症[①]。文章说，对服

① 注意力缺陷多动症（ADHD）又称儿童多动综合征。儿童多动症是儿童多动综合征的简称。儿童多动综合征即轻微脑功能障碍综合征，是一种较常见的儿童行为障碍综合征。——译者注

用注意力缺陷多动症药物没有效果的学生可能在经过视觉治疗后会有很大改善。如果你想阅读更多关于阅读困难者视觉治疗方面的信息，可登录www.covd.org。

2. 在课堂上让学生自愿朗读

如果你不再强迫学生大声朗读的话，他们的出勤情况、迟到情况和学生的精神头都会大大改善。让学生自愿选择，鼓励他们尝试。不要让其他孩子取笑那些朗读的人，留心那些在下面偷偷笑的人。如果你想让某个学生在课堂上大声朗读，就要确保没有人嘲笑或者侮辱朗读的人。如果有的学生害羞胆小，不肯主动要求朗读，那就找时间私下里听他朗读，直到他有足够的信心敢在同学面前大声朗读（有些孩子永远都不会主动举手，但这并不意味着他们没有学习，至少你不要让他们惧怕阅读）。

有些老师把叫学生起来朗读作为确保学生在课堂上清醒和集中注意力的办法，但是你也可以叫这位昏昏欲睡或者做白日梦的学生旁边的某个学生自愿来朗读。他的同学开始朗读时，这个做白日梦的学生注意力就会回到课堂，更重要的是他不会感到尴尬，对你也不会产生敌意。

如果我们真的想帮助那些阅读困难的学生，我们就要多进行换位思考。

3. 阅读材料要真的有趣，而且贴近学生生活

学者读什么都可以，只要是为了分析和评估。但阅读水平差、阅读有困难，还有仍然处于培养辩证思考过程中的学生是没法读

什么都可以的。但是如果你给那些阅读有困难的学生一些有趣的材料，让他们读到忘我的地步，他们就会取得巨大进步。

从期刊上找一些有趣的文章，关于有争议话题的议论文，或者是激动人心的故事。许多男生讨厌读小说，他们就是无法让自己假装相信下去，直到完全被吸引，但是他们喜欢读写实的文章——关于昆虫、恐龙、赛车、电脑、运动、太空船、发明家或者飞龙的故事。如果你让不喜欢小说的人读写实的文章，慢慢提高阅读水平，他们可能会更愿意配合，也更有能力按照你的要求读小说。那时候你已经教会学生接受：读书是很有趣的事，但是有时候我们需要读一些让自己不能疯狂的书，这样才能学习一项新的技能。

教学生分析阅读的文章，说出自己对内容的看法。就连年纪小的儿童也会有自己的看法，他们能知道一个故事是否有趣，是否信息丰富，是否激动人心；哪些角色是好的，哪些是坏的；里面的描述是否能让人脑海中形成生动的画面，结局是否让读者满意。启发你的学生：为什么不喜欢某些故事和书籍？词汇太难了吗？能否给出一些关于词汇难的例子？句子是否太复杂太长或者太短太凌乱？角色不惹人喜欢或者不可信吗？情节是否太现实了？情节哪里变得不现实了？故事的节奏太快或太慢了吗？对话是不是太少了？很难弄清楚是谁在讲话吗？

如果你选择的阅读材料很短，让学生把整个文章都读一遍，然后口头或者用文字做出自己的评论。如果材料很长，考虑让学生只读一部分，能写出有意义的评论就行，然后让他们停下阅读开始写作。

最开始教一群不爱读书的孩子，你必须用必读书目清单，至少让学生投票选择清单上书目的排列顺序，这样他们不会觉得太被动，太没有发言权。如果班上超过一半的人不喜欢一本书或者一个故事，找出其中的原因，然后考虑换个选择，难度一样，但学生们更感兴趣的。

我使用过一种活动效果比较好，那就是交换书籍。我从公共图书馆和学校图书馆借了一些书，涉及各种话题：有关于飞船的、青少年早恋的，还有恐怖故事。然后每堂课上课之前我把书放在学生的桌子上。学生先读5分钟，然后从1到10打分，在卡片上快速写下几句话。然后交换图书再读5分钟，还是打分写几句话。重复这个过程，直到每个人读了至少5本书。如果他们喜欢某本书，就可以把这本书留着。不喜欢手里那本书的同学可以继续交换，直到找到自己喜欢的书为止。有些学生可能会在图书馆里待上一两堂课的时间换来换去才能找到一本觉得十分有趣的书。这个活动值得你和学生花时间，因为这给他们提供了选择的机会。

4. 允许学生中途放弃某项阅读任务

不要强迫不爱阅读的学生读完他明显不喜欢或者是超出其能力的书或故事，给他们放弃的机会。挑战固然很好，但安排不可能完成的任务效果会适得其反。学生在变得善于阅读之前不能为了阅读而阅读。对于善于阅读的人来说任何问题都会迎刃而解，因为他们知道虽然有时候阅读需要付出努力，但最后的收获也会很大：获得一个新的视角，掌握一门新的知识，读到一个令人激动但是陌生的想法，经历一次大脑的触动，进入一个完全不同的世界，或者仅仅是因为克服了一个思维方面的挑战而心满意足。不善于阅读的人不能体会这些收获，所以你无法说服他们认为阅读是有趣的，只有他们自己慢慢热爱上阅读，达到忘我的地步才可以。

阻碍不善于阅读的人成为善于阅读的人，最快的方式就是让他们读完讨厌的东西。以下这个建议可能会违背你当老师的原则，但我坚持鼓励你考虑一下：向学生保证，他们在读你布置的任何文章、小说、非小说类书籍、散文、故事或者戏剧的时候都可以中途放弃。读到一半的时候，你可以通过让大家举手表决的方式来了解班上大部分同学是否都想放弃阅读。如果一半以上的学生投票反对继续阅读，那就把材料收起来。让学生自己选择是否继续读完这本书，但是不要在班上继续追问读这本书的进展。让学生给选择的材料写个简短的评论，然后进行下一个活动。（我建议下面进行与阅读无关的活动。）

我认为这个方法之所以如此成功，是因为给了学生可以选择自己阅读对象的权利。一旦他们知道自己可以通过投票的方式终止阅读某个故事或小说，一般都会继续读下去，因为他们不喜欢为了叛逆而叛逆。（注意：偶尔一个群体会投票拒绝任何材料，就是为了表示不满。在这种情况下，我会布置又长又难的阅读任务，这样他们读到一半的时候，就会很愿意接受我布置的比较短的阅读任务了。）

5. 阅读过后不要测试

偶尔让学生思考一下他们读过的东西，但是不要用考试的形式。简单讨论一下，谢谢他们的配合，完事。让他们明白阅读并不是一种考试，而是一种技能，我们不必在每次使用某项技能的时候都去测试一下技能水平，我们只要去运用就可以了。让他们从亲身经历中学到阅读不是苦差事，而是获得信息、触动大脑、娱乐自己的一种手段。

如果真的想测试学生，不要每次都用同一种形式。不要让他们做选择题或者搭配题，尝试一些开放式的主观题：问他们某个角色为什么会有如此的行为；让他们想出三个形容词来描述某个角色；用角色说的话或者做的事举例子来支持自己选择的形容词；让他们给故事的结局评分，解释为什么好，为什么不好。

6. 提高阅读理解能力的策略

有些学生阅读的时候会犯迷糊。你可以给他们一些关于阅读理解的指导。首先告诉他们我们阅读的时候脑海里会对阅读的内容形成画面，随着细节的增加，画面变得越来越清晰，或者是根据新的信息或不同的信息加以调整改变。如果你读着读着看不到画面了，那就是开始无法理解了。往回读，直到能再次看到画面，然后继续往下阅读。如果是给一个班的同学讲一个故事或者一篇文章，你可以读一段内容，问问学生头脑中的画面，然后讨论他们想象的不同内容。这么做会帮助那些还没有理解你讲话内容的学生。然后再读一段内容，再次停下来让学生描述脑海中的画面。我用这种方式进行教学，哪怕教的是成人，他们也一般都会表现得很兴奋，因为他们终于（有些是生平第一次）明白是怎么回事，为什么有的人喜欢阅读了。这个练习要比简单的提问更有利于检查学生在读完一段文章后的理解情况。

另一个办法就是使用有声读物或音频，或者是买来的，或者是自己制作的都可以。当然，我们都知道学生如果教别人自己学过的知识就会掌握得更牢固，所以让学生阅读，然后总结一下告诉另外一个没有读过的同学，这也是一种很好的练习。

如果你注意到了严重的理解问题，或者某个学生请求你更多的帮助，调查一下你所在的学校是否有这方面的阅读专家，或者有没有专业人士会定期来学校。如果没有，去当地的图书馆看看是否有识字课程，鼓励学生去听免费的课。同时寻找一个专门致力于阅读的好网站。在网上搜索“在线阅读指导”，你会发现大量的书籍、文章、练习题、游戏和指导性材料。

7. 鼓励阅读有困难的学生

在任何标准化阅读考试前后都对学生说一些鼓励的话，和他们讨论一下考试形式，提供一些问题供学生练习。首先强调阅读和其他技能一样也是一门技能，必须经过练习才能进步。虽然大部分智商高的人都很善于阅读，但阅读并不能说明智力的高低，这是一种就算是聪明人也需要努力才能掌握的技能。

跟学生解释阅读的等级水平与学生所在的年级并不一定相符，它只能衡量学生阅读某种复杂程度的词汇和句子结构时理解水平如何。鼓励学生根据上下文来猜测生词的意思，同时每天都练习阅读，以便提高阅读速度。

8. 尊重每个学生表达自己观点的权利

许多学生（大部分都眼里含着泪花）曾经告诉过我同样的经历：老师让他们写自己对一本书或者一篇文章的看法。他们都竭尽全力去写，希望能通过努力和写作内容获得高分。但老师经常给个D或者F，还不给任何解释；或者用红色的墨水在作业上方写一些羞辱性的评论，比如“错”或者“简直是无稽之谈”！这些老师除了到处给低分，让学生怀疑自己的智商，还清楚地向学生传达了这样的信息：你的观点一文不值。

如果老师想听学生的观点，那就去接受学生的观点，然后根据行文和内容评分，而不是根据学生是否和你持同样的观点来评分。当然，你可以欣赏《红字》、《远大前程》和《尤里乌斯·凯撒》的文采，但有时候年轻人就是无法欣赏我们认为他们应该会欣赏的东西。即使他们不明白也不要去贬低他们或者降低分数。褒奖他们切实付出的努力，鼓励他们符合逻辑、完整全面地捋顺自己的看法。如果你允许你的学生保留自己的尊严，他们会继续尝试，不断取得进步。由于越来越成熟，以及参与更多的练习，他们的阅读技能和写作技能会取得巨大进步，渐渐地就能够更好地欣赏需要熟练方法才能欣赏的文学作品。

七、如何教不爱阅读的学生读莎士比亚

在我跟学生提起莎士比亚之前，我会确保学生知道我很在乎他们，一直都把他们的利益记在心里。我说不会给他们进行标准化考试的时候，也是希望赢得他们的信任。他们不需要记住莎士比亚的出生年月和出生地，或者画一幅《莎翁戏院》的画，或者辨别出哪句话出自哪部喜剧中的哪个角色。

我向我的学生保证，我不会让他们讨厌莎士比亚。我还保证第一部戏剧读到一半的时候会进行全班投票。如果大部分同学都

想放弃阅读，我们就合上书，再去做点别的事，而且不给他们任何惩罚，但是我要求他们说出不想继续读下去的理由，而且我们不会看电影版本（我从来没有遇到选择放弃阅读的班级，因为莎士比亚讲的故事都很好，学生们总是想知道结局是什么）。

如果一个班级似乎有阅读莎士比亚作品的能力了，我会告诉他们，我认为可以读读他的戏剧，发现乐趣（他们当然会反对，说他的戏剧一点意思都没有）。我解释说，我们读他的作品，不是因为他是文学经典中的"无聊透顶的白人"之一，而是因为他有过人的才华，是个多产的作家。莎士比亚说过的话曾出现在世界各个角落，对他的作品不熟悉，会让学生在社会上处于不利地位。（比如说多变的人经常被指是罗密欧；发表演讲的人有时候会以"各位朋友，各位罗马人，各位同胞，请你们听我说"[①] 作为开场白。除此之外，美国和欧洲的每个大学生在高中期间都必须读几部戏剧和十四行诗。）

学生一般都会反对，说莎士比亚的作品太难读了。我肯定他们的说法，告诉他们阅读莎士比亚的作品需要付出努力。有些人在大学花了4年甚至更长的时间专门研究他的作品，但是难并不等于不可能。

"你们的大脑都没有问题，"我解释说，"想法是没有高分低分之说的，你们的思考能力可以和其他人一样强，甚至可以和天才班的孩子比。但是阅读技能可能需要一些帮助，这就是我的作用，我会帮助你们阅读的。"

---

① 出自《尤里乌斯·凯撒》，是莎士比亚以罗马故事为题材的三部戏之一。原文是："Friends, Romans, countrymen, lend me your ears。"——译者注

我在班上第一次提到莎士比亚后会等一周左右的时间，然后某一天在黑板上写下几个“后置风格”的句子：“你去哪儿，下课后？他想去追求美丽的女孩。奔跑，我想，要比等候好。”我让学生看明白这些句子，然后照样自己再写几个，让他们学会解读整个句子，而不是一个词一个词地来。然后我把以后要读的剧本中的一些词列个简单的表。我们把词汇贴在墙上作为参考，然后再画一张表，上面列出一些文学用语的简单定义，比如讽刺、伏笔和叙事动机等。

1. 利用绘画手段

为了吸引视觉学习者，我们可以利用绘画手段。我在黑板上或者一张很大的纸上，把那个戏剧和里面的角色简单画成一幅画。如果读的是《驯悍记》，我画出一对姐妹：一个微笑，一个皱眉。求爱者都站在马路上（见图7.1）。皮楚丘就要骑马从一个方向进入这个城市，而卢森修从另一个方向走来。

在读《罗密欧与朱丽叶》之前，我画了两个城墙围起来的建筑物，前面有一条路。朱丽叶望着窗外，罗密欧也望着窗外，一颗颗心把他们联系起来（见图7.2）。我把另外两个角色茂丘西奥和提伯尔特画成了打架的样子。把凯普莱特家族和蒙太古家族用不同颜色区分开。这一般会引起大家讨论，说这两个古代家庭和现代帮派很像，因为他们有炽热的忠诚，以及愿意为了“家族”而牺牲的精神。（不擅长绘画的人需要注意：你们可以看出来，我从没学过从不同视角绘画。绘画水平低在教室里很有帮助，因为学生喜欢修改我的画，总是会有几个学生主动要求修改我的画或者

图 7.1　《驯悍记》

图 7.2　《罗密欧与朱丽叶》

干脆自己画一幅。有时候学生教我画马、城堡或者美女的时候他们会发现自己的新才能。）

2. 说出你的具体期待

在开始阅读之前，我把所有主要的角色列成一个表，挂在墙上的词汇表旁边，这样学生在阅读的时候就不会犯迷糊。然后我具体解释自己的期望：

1. 不需要大声朗读。

2. 不是每个人都非得参加讨论。

3. 安静地听课不会被减分，但是睡觉、嘲笑主动站起来朗读的人，或者扰乱其他人阅读会被减分。

4. 为了能通过这一单元，学生必须老老实实坐在座位上，保持清醒，把书翻到我们正在阅读的那一页。他们必须集中精神，如果有疑问就要提问。读完每一幕后进行讨论时，他们即使不记笔记也得安静地听课。

3. 拉开序幕

我们慢慢开始。我首先解释戏剧的基本布景，然后读前面几句话，停下来解释一下。读一场戏的时候，通过给不同的角色配音增加戏剧效果。过一会儿，停下来让学生帮助我分角色朗读。如果没有人自告奋勇，我会继续读下去，偶尔停下来再问学生一次。

一开始不要用整堂课的时间阅读莎士比亚的戏剧。我们读一两场戏，简单讨论一下，然后讲别的课。读完第一幕后，我们用黑板或者投影仪归纳整理一下课堂笔记，我让学生用一两个词总结每一场戏里发生的最重要的事。读完整部戏剧后，他们就了解了整个故事大纲，我让他们在考试的时候可以参考这个大纲。（不记笔记的人不许在临考前抄其他人的笔记。我不强迫学生记笔记，但是我提醒他们，如果不记笔记，考试的时候就没有可以参考的资料。等到读完第二幕的时候，以前拒不合作的人一般都会开始主动记笔记了。）

4. 谢幕

读完整部戏剧后，如果有电影版，我们会一同观看一遍。然后每个学生要参加单元考试，就戏剧某个方面写一篇两页长的文章（许多人都选择将电影版和印刷版进行对比），并从下面三个任务中选择一个：为戏剧中的一场戏配插图、就这部戏剧写一篇杂志风格的评论或者制作一张海报宣传这部戏剧。

单元考试占单元总分数的50%，文章、绘画或者评论占另外50%。考试内容不包括低水平的思考技能，如搭配。我出的都是主观题，需要对情节、角色和布景有基本的了解。

这样的考试学生没法作弊或者乱猜。为了回答这些问题，他们必须了解故事的来龙去脉。但是简单回忆内容还不够，他们必须分析和评价读过的东西。无一例外，在我们读完第一部戏剧后，学生都问能否再读一部莎士比亚的作品。他们终于知道莎士比亚也不是遥不可及的，他高质量的作品值得付出努力去研究。最重要的是，他们明白了自己并不笨，其实可以读“聪明的孩子”读的东西。

八、用歌词、图画来引导诗歌阅读

因为我的许多学生都讨厌阅读或者都曾提到过自己在英语课上的不快经历，我知道如果我宣布准备阅读诗歌，那课还没开始上就已经让他们失去兴趣了，所以我决定暗地里一点点渗透。我打印了斯莫基·罗宾逊的歌曲《小丑的眼泪》、译成英文的西班牙民歌《关塔那摩》，还有加斯·布鲁克斯的主打歌《我们会自由》。学生走进教室后我默不作声地将歌词发下去。

“这是什么？”他们问。

“我觉得很有趣的东西。”我说。几分钟后，一个孩子说：“嘿，我听过这首歌。”教室里开始有人私下里讨论。最后有人说：“嘿，约翰逊小姐，你给我们这些歌词干什么？”

“我想知道你们觉得它们像不像诗歌。”我说。（我很高兴孩子们按照我设想的“剧本”来。）

“诗歌？”几个孩子小声嘟囔着。他们耸耸肩，面面相觑：“这是诗吗？”

“你们来告诉我，”我坚持说，“你们知道什么是诗歌吧，对吗？”

“是的。”他们说道，“诗歌押韵。”

“诗歌只有押韵这个特点吗？所有的诗歌都押韵吗？”

“而且还有节奏。”另一个人插嘴道。

“是的，诗歌有的押韵，有的有节奏，有的二者兼备。”我说。我举起手里的歌词问：“那这是诗歌吗？”

“您是老师，”一个女孩说，“您告诉我们是不是诗歌吧。”

“你们是学生，”我说，“你们来告诉我才对。你们慢慢想，好好想一想。你们可以自由讨论，我等你们。”我坐下，一副很有耐心的样子。

几分钟后一个男孩试探性地回答：“我认为它们是诗歌。它们都带音乐，音乐是押韵的，而歌词大部分都是押韵的。”

“我同意，”我说道，“我想许多歌词都有诗意，最优美的歌曲也是最优秀的诗歌。我要给你们个机会，把自己最喜欢的歌词和同学分享。”有几个学生鼓起了掌，有些人欢呼，没有人反对。

“没有写下来的歌词怎么办？”有个女孩问。

“如果唱片或者磁带上没有提供歌词，你们可以查一下网上有没有歌词。或者你们多听几遍，把歌词写下来。我给你们打字。”

学生们都准备好了，有些人打开笔记本，开始小声哼唱，把歌词写下来。

“但是有一个条件，”我补充道，“你们必须跟同学解释一下，为什么特别喜欢那首歌，而且认为它是好诗。”

“就这样吗？”一个男孩问，“我们只需要说明为什么是一首好诗吗？”

“是的。”我说，“就这样！一个很小的条件，那么谁对这个问题感兴趣？”几乎每个人都举起了手。“很好！但是为了解释清楚你们选的歌为什么是好诗，你们必须学习诗歌语言。如果你们给我一周多的时间，我会教你们如何讨论诗歌。”

几个孩子皱了皱眉，但是没等他们再次说出自己的建议，我就已经开始介绍拟声词了。砰！乓！啪！当！他们还没来得及意识到怎么回事，就已经开始阅读诗歌了。

我想告诉你们与这些抵触阅读的学生第一次学习诗歌的结果。

班上每个人，包括我自己，都对音乐表现出了极大的热爱。开始这个项目之前，我不许学生找带有诗歌性质的重金属歌曲，但还是有人这么做了。那些学生几乎没有了解爵士乐的，但许多后来都狂热地迷上了爵士乐。说自己讨厌说唱乐或乡村音乐的人发现如果我们把歌词读出来，不加上音乐，歌词写得都很好。我们发现我们不喜欢的多半是节奏，而不是歌曲本身。来自不同背景的学生发现他们拥有共同的情怀和梦想。

如果教的学生年龄很小或者虽然年龄很大，但是不太适合参与歌词项目，一首包含五种感官感受的诗歌可能更有利于作为引介的诗歌。这种诗歌形式不需要复杂的介绍，它总是能引起学生的反响，因为读起来写起来都很有趣。

比如在黑板上写下“爱情”这个词，指出这是一首诗的名字。在题目下面写下五种感官：

闻起来　　看起来　　听起来

感觉起来　　尝起来

征求学生的建议，选择最有趣的回答写在每一行后面，最后你会得到一首诗。这是某个班的学生们创作的诗歌：

爱情

闻起来像香蕉蛋糕

看起来像个小婴儿

听起来像一首歌

感觉起来像一个拥抱

尝起来像一个冰激凌

再用其他的词来重复练习。一定要既鼓励符合实际的想象，又鼓励疯狂的联想，这样学生才会明白诗歌是一种艺术形式，没有所谓的“正确”答案。

我喜欢在练习的基础上鼓励学生把诗歌誊写在干净的白纸上或画纸上，配上插图，然后把自己的诗贴在教室的墙上。如果你有时间有工具，可以考虑把诗歌装订成册，让学生带回家。

如果你用这种方式引导阅读诗歌，那么你充分展示了图像和感官体验细节。现在你需要在接下来的课程里加入对其他诗歌词汇和技巧的学习（适合学生年级水平的），然后再布置专题任务。

九、提供激发兴趣的阅读材料

在学生学会喜欢阅读之前，你可能需要一些材料作为对教科书的补充。有时候我会把教科书里的一小段文章复印下来，因为许多学生对教科书里的任何东西都会有种逆反心理。如果他们后来注意到了，我就假装刚刚发现他们的教科书里也有同样有趣的文章。下面是一些我用来寻找阅读材料的资料来源，其中的阅读材料十分有趣，学生常常忘记自己是在阅读。

www.bbc.co.uki/learning，这是我首选使用的网络资源。这个网站无所不包，涵盖了为从学前班到大学各个水平的学生准备的各种话题。还有免费的在线课程也囊括了大量话题，你可以每天晚上在家里学习，连续几个月的时间也学不完。

www.bbc.com，材料可用于社会学课程。这个网站提供了对新闻话题的另一种观点。学生喜欢对比美国记者和英国记者的新闻话题报道，对比有助于了解别人是如何看待美国的。

www.commondreams.org，这个网站上有全世界各种各样的文章和社论，就时事提供全球视角。

www.ipl.org/div/kidspace/storyhour，这个网站很棒，与网络公共图书馆相连，由密歇根大学资助建立。阅读区里有许多大众书籍的全文，网站提供的链接可以让你登录许多有用的网站，适用于任何年级的教师。

www.thelyrics.com，这是一个在线歌词资源网站，在你介绍包括歌曲在内的诗歌时可以在上面找些例子。

www.thereadinglady.com，这个网站由一个小学老师建立，有大量的阅读活动、练习、课程计划和阅读材料。我特别喜欢里面的诗歌和供读者了解的戏剧资料。

www.utne.com，这个网络杂志中的文章在主流杂志中不常见，许多文章都只有一页篇幅甚至更短。其中多姿多彩的图画很容易激发人的兴趣。这些文章经常涉及科学、科技、生态、健康和个人成长方面的信息。

讨论思考题

① 描述你自己早年阅读的经历。你是怎样学习阅读的?

② 你用过的哪个激励学生阅读的技巧最有效?

③ 对于要求学生在同学面前大声诵读，你有何看法?

④ 我们怎样利用歌词和绘画来改善学生阅读水平?

⑤ 对于在学校采用持续默读的方法，你怎么看?

Chapter 8

Top Twelve Motivational Strategies

第 8 章

激励学生的
12 个金牌策略

有时候即使你精力充沛、热情四射，采用以学生为中心的教学方法，学生们还是会无精打采，朝你哈欠连天。即使你花了好几个小时制定有趣的课程，学生们仍旧会觉得索然无味。虽然你的受教育水平很高，而且热爱自己所教的科目，可学生们似乎对这些一点都不在乎。他们唉声叹气，眼睛不住地盯着表看。他们开小差，把你的话当耳旁风，还互相翻白眼摇头。

这些学生都在尽力使你相信他们讨厌学习，对学校丝毫不在乎，他们很酷，不要烦他们。我坚持认为如果他们来上学，那就表明他其实是在乎的，但以前的老师用说教和评分的方式把他们的创造力、想象力和游戏的快乐消磨没了。你可以重新让学生找到学习的乐趣，用我导师阿尔·布莱克的话来说："你只需要抓住他们的注意力。"

这里有12个建议可以帮助你抓住学生的注意力。每一个建议我都在课堂上使用过，的确奏效。我还想说明一下，我的教学经验并不局限于那些一触即发、想象力枯竭的青少年。我教过各种各样的学生，从英语非母语的高中一年级学生到大学毕业生。无论年龄、智力程度和学习背景如何，这些方法对我的学生都能起到令人满意的效果。

一、让学生相信成功是可以的

大脑就像引擎，如果燃料不足、污油阻塞，或者缺失很小但很关键的零部件就无法以最高效率运转。如果你的学生营养充足，父母把他们培养得很好，情绪上也调节得不错，受教育程度高，你在鼓励他们学习时就不会遇到太多大问题。但如果学生饥饿、劳累、情绪压力过大，或者受教育程度低，那你可能就要面临挑战了。不要绝望，你为学生做的事就和学生为你课堂做的事一样重要。

我们听说过许多数据，根据自己的经验也了解到教师对学生的态度是学生成功与否的关键因素。如果我们相信学生可以成功，他们就真的可以成功。但是你的信念只能解决一半问题，光有信念还不够，你还必须帮助学生相信成功是可以实现的。学生一旦相信自己会成功，他们就会尝试去学习。但是如果他们不相信成功是可能的，那不管学生多聪明，材料多简单，他们都不会去努力。当你真的相信所有学生都能学习（他们的确能学习），当你说服学生相信成功是可以实现的，你就掌握了开启学习之门的钥匙。

如何说服学生成功是可以实现的呢？有些人建议进行某项练习或活动，向每个学生保证他们会取得成功。我不同意这个方法。一般这种成功的经历都过于简单，所以往往会起到反作用。用太简单的任务来提升学生的自信心不会让他们相信自己能够取得成就，反而会让他们觉得自己无法战胜真正困难的挑战。换言之，你给他们布置简单的任务就是觉得他们笨。所以不要安排太容易的任务，而应分配给学生一项真正有难度的任务，然后协助学生去完成。介绍这项任务的时候，跟学生解释这项任务难度很大，你并不期待任何人都能完成得完美无缺——包括你自己。告诉他们你要完成这个项目，因为你相信他们都很聪明，你知道他们都可以学会，因为你已经看到了许多证明他们学习能力的证据了：他们可以读书、穿衣服，知道自己的地址和电话号码，可以演奏乐器，会玩一百种不同的游戏，能记住许多歌词；他们还能做饭，知道如何操作家用电器、厨房用具、电脑和摄像机。

你到哪里寻找那些有挑战性的任务呢？一个好地方就是你的学校。比如说，如果你教二年级，那就向四年级的老师要一堂词汇课使用的材料。告诉学生他们要做的是比他们高两个年级的学生做的功课，只是为了看看他们在学什么。如果他们完成得很好，会获得额外的加分。如果你教初中或者高中，到大学教科书上找一篇有趣的文章，告诉学生他们要读的是大学生读的东西。让他们看教科书，证明你说的是真的。解释说他们的大脑和大学生的大脑一样，但却不像大学生那样喜欢挑战自己。向他们保证如果并非认识文章里的所有单词，你会帮助他们的，因为这是你的工作。然后大声朗读这篇文章，一起讨论，让学生写下自己的读后感。完成这个项目以后，有些学生很可能说："没有那么难。"你可以这样回答："当然不难了，因为这个班上每个人都知道如何思考，而思考是学习的关键。我们教室里有很多好使的脑袋，所以我们一定要物尽其用。"

二、调整态度

学生视角

了解学生对学校、对自己、对你的课有何看法。有些人会很愿意告诉你，但是大部分学生会采取旁观态度，而不是参与到课堂讨论中来。他们不想谈学校，也不想写关于学校的文章或段落。但是如果你坚持的话，他们大多数人会很愿意给你一些评论。尽管去坚持，因为你想尽量从他们那里获得关于这个话题的信息。发一些卡片，让学生把对学校的整体看法和对你教的课的具体想法写下来。

告诉学生如果和你配合的话，你会给他们加分，而每个填卡片的人都会得到最高的加分。一定要让学生明白写不写名字是可以选择的，这样他们才会自由发表意见，而不用担心会冒犯你，或者易受伤害。

有些学生对这个活动驾轻就熟，但是另外一些人则需要一点激励。如果是善于用视觉学习的学生，你可以把这些问题写在黑板上，然后写下你的回答：

Q：你最喜欢学校什么？

A：我喜欢学新东西。

Q：你最不喜欢什么科目？

A：我不喜欢数学，因为很难，我总做不对题。

Q：你最喜欢什么科目？

A：我最喜欢英语和体育，因为我喜欢阅读和跑步，我喜欢锻炼头脑和身体。

即使你的学生更喜欢阅读你的答案而不是自己回答，你也可以促使他们加入关于学校的对话，这就是你的首要目的。

下一步是可以选择的，视学生情况而定。如果他们表现得很好，而且注意力集中，你可以考虑读一读卡片上写的评论，但一定要在全部收完卡片之后，这样学生们才不会认出是谁写的。读一些你觉得会引起他人反响的评论，比如“我讨厌写作，因为我总是没什么可写的”这样的话可能会引起讨论，提醒你需要上一堂关于写作前准备和激发灵感的课。

不管你是否讨论卡片，都要谢谢你的学生花时间让你知道他们的想法。把卡片带回家仔细阅读，观察拼写、句子结构、用词和书写风格，努力了解学生的性格和有困难的地方，寻找大家都关心的地方以及你以后可能涉及到的具体问题，记下任何特别的兴趣和嗜好，尽可能把它们融入教学中。你可能会惊讶地发现你一句简单的评论会引起学生的积极反响。

你自己的视角

调整完学生的态度后，就该调整你自己的态度了。你可能会觉得自己态度还可以，但如果你的课堂在纪律、激励或参与情况方面有问题，那你可能就是问题的一部分。也许上课的时候你没有准备好，所以学生也学你欠缺章法的做法。又或许你认为自己对学生很尊重，但你却有自己的小九九不告诉学生——而且他们发现了你居高临下的态度。

你有多少次真正聆听学生说话？你如何回复他们的评论？是否说最后一句话的总是你？如果学生正热情高涨地谈论着什么，你会去纠正他们的语法错误吗？你有没有暗示过自己的价值观、处事标准以及生活方式比他们强？你会不会贬低他们的看法，认为他们杞人忧天而不予理睬？你会不会用不屑一顾的语气？即使你觉得自己一直都礼貌待人、尊重他人，不妨尝试在桌子旁边放一个录音设备，录下30分钟的上课情况。听听自己的声音，听听自己对不同的学生用不同的语气讲话会让你很惊讶。

许多老师都无法让学生与自己交谈。一些学生，刚才还在和别人相互说悄悄话，一旦你让他们跟你聊聊天，马上就默不吱声了。或者是有那么一两个学生，每次上课讨论都是他们在说。为了能让班上每个同学都参与进来，我很喜欢上课一开始花几分钟时间和学生们讨论。有时候我会关注某一个学生，其他人也很关注，因为他们知道下一个受关注的可能就是自己。我问学生问题的时候不会让他们感觉到压力，因为最终不管他们做出何种回答，我总是会让他们觉得只要回答了就很好。我总是倾听他们讲话。经过上课伊始的热身，我给他们布置多少难题都没关系，他们都会努力完成。

接下来就是体现你态度的另一个方面。如果你在学校时分数一直都很高，或者你很久都没有求学了，尝试去上一门需要你努力才能通过的高难度课程。如果你富有创造力，那就报名学习诸如统计学或高等数学这类的课程。如果你擅长理性思维，那就不妨尝试一下艺术课。你的目标不是得A，而是记住（或者第一次发现）虽然大脑聪明，但是无法理解一个简单的新概念是什么感觉。有些老师觉得调整学习内容是为了更迁就学生，但如果你和学生分享你自己为学习新知识努力拼搏的经历，效果会更好。一开始，他们发现你并不是样样都很棒的时候会很惊讶。事实上，他们可能不相信你。你也许要带一份分数很低的作业或者考试卷子来作为证据，这样做不会有损你在他们眼中的形象，他们也不会再也不尊重你。他们会意识到你也是人，也更能把你当作有血有肉的人来对待。

三、改变学生对自我的负面评判

在一次交谈中，我问一个高中生，毕业后有何打算。

“我可能会进监狱。”朱利奥说道。

我很惊讶，问他是否犯了法。

他说：“没有。”

“那你为什么会进监狱？”我问道。

“因为我的家人都进监狱了。”他回答。

我说：“你不需要进监狱。你会毕业，已经有份工作在等你了。”

“你不明白，”他说，“我的家人最后都会进监狱。”

对此我俩都不理解。当然这次对话让我很难受，我下定决心要改变这个学生的想法，但我一直没有做到。他毕业后真的进了监狱。但几年后他的一个朋友给我打电话说：“朱利奥保释出来了，他找了份好工作，他想让你知道他过得很好。”

从那次经历中我明白我需要改变方法，我不能逼学生接受我对他们的看法，而是需要找个办法帮助他们改变对自己的看法，不把自己当作无望的失败者或者是无力的小兵。这两种方法的关系很微妙，但是最后产生的结果却有天壤之别。我觉得学生心情不错、愿意交谈的时候会问大家有些笼统的问题：

- 多少人打算上大学？（有几个人举起了手）
- 多少人想去，但觉得自己考不上？（又多了一些人举手）
- 多少人觉得自己有一天会靠救济生活？
- 多少人觉得自己可以环游世界？

- 多少人认为自己可以找到好工作？
- 多少人觉得自己可能会进监狱？
- 多少人觉得自己10年后会结婚，组建家庭？
- 多少人觉得自己30岁之前可能会死？

在这次快速调查中，我不会回应某个同学，但我记录下了我问负面问题时举手的同学。然后在学校正常上课的时候，我会找机会告诉那些学生我对他们的看法以及他们可能拥有的未来。比如我可能会说："你知道自己多么有艺术才华吗？我觉得有一天你会成为建筑师或者画家。"对于那些对电脑特别感兴趣的学生，我会说："你的想象力真丰富，我想你以后一定能成为出色的电脑游戏设计师。我还觉得你可能当系统分析师，帮助别人根据经营内容选择合适的电脑系统。"

我坚持一有机会就告诉学生我对他们的看法，这样做很有效，最后他们都开始把自己看作是有才华有技能的人。

这些听起来有点像魔法咒语或者新世纪因果报应一样的胡言乱语，实际情况却并非如此。你对学生说："我认为你们是聪明有才华的人。"学生就不会再认为自己是愚蠢没能耐的废物。他不会马上改变自己的看法，但是我们知道一旦大脑接触到新的观点，它就无法回到过去的状态了。即使不浇水，那个新想法的种子也会生根发芽。

四、寻找表扬的合适机会

孩子们渴望关注。如果他们无法通过表现好来吸引我们的注意力，他们就会表现不好，因为他们知道如果做错了事我们是不会视而不见的。我们当老师的也知道应该关注正面行为，但是我们仍然容易在学校里重点关注负面行为。如果我们想让学生善良、体贴、充满同情心、慷慨、可敬，我们就需要多加注意，一旦他们有此表现就要表示肯定。我们不需要给他们糖果或加分，只需要表扬就够了。

关于如何提醒自己捕捉学生表现好的方面，我的方法是每天带三张空白的卡片去上课，上面写着三个学生的名字。那天我会确保自己多加注意那些学生善良而值得敬重的行为——借给他人一支笔、主动收试卷、主动捡地板上的垃圾并扔到垃圾桶里、不用我说就主动把黑板擦干净、帮助另一个学生完成任务。我会用一分钟时间记下来，下课后交给那个同学。上面的字不需要太多，“谢谢你今天让我们的教室保持清洁，我很感激你”就足够了。如果学生向你坦白说这是他第一次得到老师的肯定字条，不要感到惊讶，这样的坦白足以让成年女人感动得流泪。

五、传递给家长和监护人积极信息

家长和监护人习惯了接到学校老师的电话，抱怨学生无故缺勤、迟到、没做作业、态度恶劣或者行为不尊重。他们经常会反驳，因为觉得老师是因为孩子表现不好而责备自己（有时候我们的确有这个意思）。但是如果孩子尊敬他人、行为得体，这也是家长和监护人的功劳，所以我们需要打电话向他们表示我们的感激。

如果你班上有个学生表现非常好，给他的父母或者监护人打电话说：“我想谢谢你把你的儿子（女儿）培养得这么优秀。我知道学生表现好可不是偶然的，他们都是父母教出来的。我希望所有的学生都像你的孩子一样表现好，谢谢你让我的工作轻松了许多。”

同样，如果有的学生并不总是配合我的工作，但有一次表现极好，任务完成得也很成功，我会马上给他父母打电话，让他们知道。学生从家长那里得到了积极关注，回到我的课堂时会渴望重复那种愉快的经历。除了与家长建立良好关系，提高学生表现以外，报喜的电话会让学生知道你和他们的家长经常通话。有时候学生尝试挑拨家长和老师之间的关系，但如果你第一次和他们联系就是报喜，就不会成为骗局的受害者。而且以后如果你因为学生的行为问题再去给同一个家长或监护人打电话，会发现他们比一般情况下更容易接受你。

六、做你自己的小白鼠

我过去屡试不爽的一个激励学生的有效方法——包括成人大学的学生——是用我们班的学生作为小白鼠去试验我们读到的不同理论或研究。例如，最近，我为教育专业的学生授课，课上我们讨论了一本畅销心理学杂志上的一篇文章，文章将新近的研究归结为犯错的价值。根据文中所述，人们在学习过程中，如果犯了错，就会更好记住相关信息。我们决定用某种方法测试这个理论。我们的方法很不成熟，也达不到科学标准，但那不是我们这个练习的目的。我的目标是使学生严肃考虑犯错的价值，并且思考在课上犯错的方法。

那节课很棒。他们准时到教室，阅读了任务要求，愿意参加这场讨论。但偶尔我注意到有人看表或凝视窗外，没有参与到当前的准备活动中来。而在这个犯错练习进行过程中，每个学生都全身心投入其中。他们热情高涨，发言踊跃，滔滔不绝。这个活动并非玩闹，而是严肃的。我给他们两张列出了晦涩词汇的列表。在第一张列表中，他们要写出每个词的释义，不认识的要查字典补课。然后我给他们正确答案让他们核对。在第二张列表中，我给出他们释义，只让他们照抄。我们把两张列表放置一旁，直到三个小时后课程结束。我给他们这两张列表，让他们写下他们能记住的尽可能多的释义。结果与研究结论相一致——我们所记住的释义比在第一张列表上写出的释义多得多。

那天没人想要离开。他们想要讨论出教学生如何犯错并从错误中学习的方法。

我的高中学生乐于接受当我的小白鼠。你可以想象，在我的阅读补习课上，拼写测试并不受欢迎。但当我建议尝试不同方法去测试它们的学习效果，每个人都对拼写测试产生了兴趣。首先，我们假装是在幼儿园。我们一起反复吟诵单词，语速缓慢，大声诵读。我们从星期一到星期四读单词，星期五测试，记录结果。接下来的一周，我们用手在空中比划学习单词。同样，我们练习四天，然后考试。我们总共试验了6种不同的方法，包括抽认卡片、单词表、预测试。在这几个月里，没人抱怨不得不学习单词拼写。他们都想看看哪个方法最有效，而忘了曾经痛恨单词拼写。

在同一个班里，我们又拿自己作为阅读实验的测试对象。我们读同一篇文章，然后看一看在一分钟内我们读了多少单词。我们做上记号，然后把这篇文章搁置一周。随后我们读一些文章去练习阅读技巧。接下来的一周，我们读一篇相似的文章，看一看阅读速度有否提升。我们中的绝大多数确有提升。我们将这一方法尝试了一个月，之后又尝试别的方法。活动本身并不重要——重要的是我们测试什么对于大脑运转最有效的这一理念。二者侧重点不同。

七、要求学生定期反馈

学生如果有机会向老师反馈学习难度大小、特殊或选择性的要求是否合理、完成作业的时间是否够用，他们就更有可能配合教学。当然也要提醒学生你是老师，你有权决定教什么、怎么教，但你很感谢他们提供的信息，如果他们提供真诚而又有建设性的批评意见，你是不会心存芥蒂的。谢谢那些提供真诚反馈的人，告诉他们你以后在做任务计划的时候会考虑他们的意见。根据学生的年龄、成熟程度和性格，你可以决定让学生提供匿名反馈，我总是让学生自由选择（大部分学生会写下自己的名字，因为他们想让老师知道自己给的反馈意见是经过慎重思考的）。

每月反馈对于一些老师来说比较合适，有些老师会等到一个单元、半学期或者是一个评分阶段结束后再进行。我更喜欢定期反馈。因为根据我的经验，如果学生知道我很在意他们的感受，士气就会大大提升。

不管你是否允许学生对自己的教学风格或者教学方法予以评论，这都由你说了算。有些老师更愿意把精力放在课程内容、课程形式、各种活动项目、测验和考试上面。这里有两组我觉得很有用的反馈问题。如果你问开放式问题，比如像示例8.1中的问题，那一定要在纸上留出足够的地方让他们回答问题。如果空格太小，学生就会写很简短的答案。

示例8.1 非正式课程评估

说明：直截了当地说，我可以承受！你不需要写名字，但我很感激你告诉我你的想法。

1. 你在做图书馆调查或者写论文的时候是否真的感觉胸有成竹？

（圈出你的选择） 是的 不是

如果不是，我们在这门课上怎么做可以让你准备更充分？

____

____

____

____

____

2. 你对写日记有何看法？

____

____

____

____

____

3. 同龄人的小组评论如何影响你的写作？

____

____

____

____

____

4. 在这半学期里，你最喜欢这门课的什么地方？为什么？

____

____

____

____

____

5. 在这半学期里，你最不喜欢这门课的什么地方？为什么？

____

____

____

____

____

6. 你更喜欢什么（多选）：

- 课堂上的语法教学
- 自己定进度进行语法练习，然后测验
- 定期的家庭作业和语法测验

7. 关于小组活动，在符合你想法的选项前面打钩：

- 我喜欢每次活动都换组
- 我想每次活动都在同一小组
- 我想由老师来分组
- 我想让我们学生自己选择小组
- 我认为小组活动应该打分
- 我认为小组活动不应该算太多分，因为很多人不做贡献

非常感谢你完成这个评估表。我会仔细阅读你的评论，我会考虑对课程内容做出某些调整，帮助你在我的课堂上取得更大的成功，获得更多的快乐。谢谢！

示例8.2 学生反馈表

说明：你可以写名字，也可以不写。

请在每个话题后最符合你想法的格子里打钩。

话题	别提了！讨厌！	减少	正好	稍微加一点	再多一些
语法指导					
同龄人批评					
包含励志内容的录像					
写日记					
班级讨论					
一分钟演讲					

意见（可选）:______________________________

____

____

____

____

非常感谢你完成这个评估表。我会仔细阅读你的评论，我会考虑对课程内容做出某些调整，帮助你在我的课堂上取得更大的成功，获得更多的快乐。谢谢！

如果学生年龄很小，不成熟，或者坚持说对写作过敏，我会用更简单的表格，比如示例8.2中的例子。

八、提供定期进步报告

讽刺的是，那些说自己最不在乎学校的学生，如果分数很低，他们的抱怨往往也是最多的。我第一年教学，教一个英语提高班和一个英语补习班。这些大学苗子接受了第一次期中考试，虽然英语提高班的学生有的痛苦地叹了口气，但是那些自称不在乎学校的补习班学生几乎一整堂课都在争论他们的分数。有些人苦苦哀求，有些人要求检查我的成绩册，或者质疑我是否清醒。

成绩通知书下发后全班怨声载道，我试着与学生单独谈话，让学生知道自己的进步。接下来我试着给学生写阶段性进步报告。每个月两次，他们忙着做功课的时候，我在教室里转悠，伺机把报告交给每个同学，上面写着他们目前的分数。我会停在某个学生的桌子旁边，把纸的正面朝下放。

我可能会写“表现不错”或者“你在进步，坚持住”。判学生不及格我会写“你的分数现在无法通过，但是如果你需要帮助，告诉我。你是个聪明的年轻人，我很高兴你在我的班级。”不管分数如何，我都会握学生的手。有些孩子不喜欢握手，因为他们不想给人留下在乎学校的印象。这样的学生我会静静地快速竖起大拇指。等到期末成绩通知书发下去以后，埋怨的人少了一半，但很明显另一半学生认为我掠夺了他们应得的分数。

第二学期的第一天，我跟学生做了个交易。每天来上课（没有无故旷课）的同学每门功课都至少会得C；没有作业抄袭情况、上课配合我教学、积极参与每堂课、每次测验都得C或者C以上的同学，即使期末考试不及格，我也一定会让他们得到一个通过的分数。

“你想干什么，跟我们玩心理战术？”一个男孩问道。莱恩是我见过的最聪明但最缺乏动力的年轻人之一，我很愿意尝试教这样的孩子。每次布置任务只要做了他都会得A，但他却只做一半，所以最后只得了50%的分数，成绩通知书上得了个F。莱恩并不是他所在班级唯一应该功课优秀但是没有做到的学生。分数不及格、丢分、逃课、态度恶劣要比好态度和高分更普遍。

"完全正确，"我告诉莱恩，"我想利用你们的心理，我不相信如果你们每天都来上学，踏踏实实学习，独立完成所有的功课并且作业成绩合格，但仍然学不会我教的东西。任何人只要做到了上面的事，而且大脑功能正常，那他一定能通过。你们的大脑都正常，你们会发现自己比想象中的更聪明。"

莱恩接受了我的提议，开始完成老师布置的所有任务。他的分数是班上最高的，但是他不相信自己能通过。就算我每天都告诉他一定会通过也无济于事，每天他都要求看他在我成绩册上的分数。他必须亲眼看到，以书面形式写在纸上。很快其他学生也学习莱恩，争着要看自己的分数。为了方便学生查看，我为莱恩所在的班级制作了一张贴在墙上的成绩单，结果这张成绩单成了高超的激励手段，即使是对于那些最没有动力学习的学生来说也十分奏效。

在一张大纸上（我本来可以用成绩单的空白页，但是当时我没有想到输入分数之前做一份成绩单副本），我把莱恩所在班级所有学生的名字写在纸的左侧，把其余部分分成一个个小方格。我要确保留下足够的方格记录每一次功课，包括家庭作业、测验、考试和特殊的项目。在每列方格上面，我会写下功课的名字，用一些缩写，比如说W/S代表活页练习题，T代表测试（比如SpT-1就表示拼写测试一）。如果学生完成任务而且通过了，就在相应的方格内写一个“×”。不及格或者缺勤的学生，我会在相应的格内画上绿色的框。如果学生在最后期限内把要完成的任务补齐交上来（我会把日期写在该任务下面，记录到期的时间），我就在方格内写“×”，证明学生完成了此次作业，而且通过了。任何没有完成的任务或者不及格的成绩我会在格里用红笔画个大大的零，但我不会把不及格的分数写出来。

这张表格里没有任何分数，因为我觉得让学生丢脸或者拿分数竞争作为动力不太好。比如说，有些人就是学不会拼写。虽然会拼写并不意味着这个人聪明，但不擅长拼写的人总是和他人比较，就会觉得自己很失败。我想让学生与自己竞争，确保自己在每个格里都得一个“×”。

“如果你们全都得了‘×’，在我的课上不及格是绝对不可能的。”我向学生保证，“你们的作业质量会决定得A还是得D，但是只要你做了，就一定会通过这门课。”

即使是最缺乏动力、最冷漠的学生也无法对自己名字后面一大串红色的“鸭蛋”视而不见。他们当初没有和大部分学生一样跑进我的办公室看成绩册，但现在拖着脚步走近，侧身走几步，在看表格的同时假装随意看着身后更吸引人的事。我把成绩表贴出来以后，第一次在我那个成绩差的班级发通知书时，学生们都抱怨不公平，因为他们没机会补上错过的功课。我给出了一个十分具有迷惑性，让人觉得不可思议又绝无仅有的建议：给他们三周的宽限期，学生要把所有功课和不及格的作业补上，之后再想要宽限期限是绝对没有商量余地的。

这个办法很管用。第二次发通知书的时候成绩表上只有几个为数不多的零，但是每个学生都通过了我的课。

其他班级看到了莱恩班上的进步表格，他们都要求在自己的班上也张贴这样的表格。即使是总往家带写满A和B的通知书的好学生，都需要切实的肯定来证明他们的进步和我对他们的要求。那时候我意识到很多不成功的学生之所以放弃，是因为他们无法想象自己能取得进步。对于他们来说上学是一个没有尽头的旅程，如果有堆积如山的作业难度就更大了。他们若能亲眼看到自己的成功，就不会再假装自己不在乎。他们可能不会成为学者，但他们会开始相信自己能顺利完成学业最后毕业。

表8.1 进步表格

X = 完成　□ = 未交　☒ 补交　⊡ = 无分

最后期限	9/1	9/4	9/11	9/17	10/3	10/7	10/17	10/25
姓名	日记	拼写	阅读	词汇	拼写测验	随笔	项目	小组报告
查维斯	X	⊡	X	X	X	☒	X	X
科恩	X	X	X	X	X	X	X	X
德克斯特	⊡	X	X	☒	X	X	X	X
法利	X	X	X	X	X	X	□	X
罕格	X	X	X	X	☒	X	X	X
红	☒	X	X	X	X	X	X	X
琼斯	X	X	X	X	X	X	X	X
兰勒	☒	X	X	X	X	X	X	X
马丁	⊡	⊡	X	X	☒	☒	X	X
马丁内斯	X	X	☒	X	X	X	□	X
玻特	X	X	X	X	X	X	X	X
昆塔纳	X	X	X	X	X	X	X	X
罗斯	☒	X	X	X	☒	X	X	X
桑提亚哥	X	X	X	X	X	⊡	☒	X
塔努	X	X	X	X	X	X	X	X
怀尔德豪斯	X	⊡	⊡	X	X	☒	☒	X
杨	X	X	X	X	X	X	X	X

九、增加一些右脑活动

除非你教美术、音乐或者其他创造性的课，否则你会把课程集中在左脑（逻辑）活动上。虽然如此总结可能有些主观，但我认为大部分的老师都擅长左脑思考。左脑思考者喜欢学校，因为他们天生的学习风格与最常见的教学风格相吻合，不幸的是大部分学生不是左脑思考者。为了方便讨论，我们假设一个班级有一半的学生都是右脑（创造性）思考者。他们和擅长左脑思考的老师想法不同，常常会气馁或者对学校不感兴趣，由于学习风格的问题导致他们觉得自己不够聪明。

示例8.3　猜词游戏

提示：每个盒子内的词暗示了一个常用短语。盒子里字母的位置、大小、形状提供了猜词的线索。例如，盒子中若出现三次小写的“pigs”，则暗示这个短语是“three little pigs（三只小猪）”。

five	cof fee	**SHOT**	ever ever ever ever

答案：

high five, coffee break, big shot, forever.

你可以通过增加一些锻炼右脑的活动和教育性游戏改变课堂的气氛，不包含定义或拼写的猜字游戏是很好的选择。示例8.4是我喜欢用作识别擅长右脑思考学生的一个字谜，不要马上读答案，

示例8.4 右脑猜词

说明：每组词都有一个共同点（不是定义）。答案中只有一个答案也有此共同点。找出共同点，选择正确的答案。

#1	#2	#3	#4	#5
sexes	golden	tea	modem	youth
level	tallow	eye	willow	usher
redder	clamp	sea	doomed	item
a.dined	a.trace	a.wee	a.clash	a.water
b.mom	b.crawl	b.ate	b.winter	b.there
c.start	c.oven	c.you	c.tablet	c.hero

答案：

#1.mom（妈妈）：这组单词正着和反着拼写是一样的。

#2.trace（跟踪）：去掉第一个字母可以构成一个新的单词。

#3.you（你）：发音的时候发单个字母的音。

#4.tablet（药片）：这组单词首字母和末位的字母一样。

#5.hero（英雄）：这组单词以人称代词开头。

先读读答题说明，然后尝试解开每个谜。如果你只擅长左脑思考，这种题会让你一筹莫展。

如果你和学生一起练习，会发现猜谜最开心的人是班上那些分数并不高的学生。成绩好的学生有时候非常生气，因为他们习惯了比其他同学表现得更聪明、反应速度更快。那些擅长右脑思考的学生则会很高兴风格的变化，他们终于可以做一次“聪明小孩”了。（做好心理准备：有些擅长右脑思考的学生给出的答案可能不在参考答案里，但也是正确的。）

进行完锻炼右脑的活动后，告诉学生你想帮助他们了解自己的学习风格（一定要为视觉学习者把这三个主要风格写在黑板上），如听觉（听者）、视觉（观察者）、动觉（动者），然后让学生思考自己如何了解一项新游戏。他们喜欢让别人解释游戏步骤和规则，给他们语言说明吗？他们喜欢观察别人玩一会儿，然后亲自上阵吗？或者更喜欢一边做游戏一边学习？

另一个帮助学生了解自己学习风格的方法是给他们指示。比如说让他们想象自己要去邮局，朝你问路。首先说："你走出学校向右拐。走过两条街后在第一个路口左拐，上山转过一个弯，然后第二个路口右拐，看到第二个红灯后向左拐，然后直接进入停车场。"问问有多少学生听完你的指示后觉得自己有信心找到邮局。那些举手的人属于听觉学习者（也许只占一小部分）。

接下来，在黑板上画幅地图，或者把你已经画好的地图发下去，使用与你刚才的口头描述同样的表达。现在问问有多少学生有信心可以到达邮局。也许一半以上的学生都会举手，这些属于视觉学习者。

观察一些对着地图皱眉或者左顾右盼的学生，也许他们正歪着脑袋。你问他们："如果我现在开车送你去邮局，下次你们多少人能照原路自己找到，即使我们就开车去一次？"那些皱眉的学生（你的动觉学习者）会把手伸到空中，松了一口气，因为发现还有第三个选择。

现在回顾一下这三个风格，教你的学生如何向老师、辅导员或者家长请求帮助。有时候学生们很迷惑，经常说："我不明白。"老师就再重复一遍刚说过的话，大声一点儿或者慢一点儿。但是这种方式只能帮助那些听觉学习者。听觉学习者需要时说："请您重复一遍好吗？"或者"您能再慢慢跟我解释一遍吗？"视觉学习者需要时说："我想象不出来。如果我能看到一幅画，或者录像之类的，我想我就能更明白了。也许举个例子可以帮助我。"动觉学习者需要时说："我通过亲身实践才可以学习。您能示范几个例子，带着我一步步走吗？我经过练习才能明白其中的道理。"

当然，老师要记住不同的学生会利用不同的方法学习，所以我们的指示也要多变，将视觉、动觉和听觉活动结合起来。比如说在讨论一个新的概念时，一定要提供某些视觉工具辅助口头介绍，一定要带着学生一同练习几个例子。你那些动觉学习者需要自己亲自体验这些例子，从黑板上抄笔记还不够，他们需要在你的指导下亲自动手去做。

不管你教的科目是什么，彻底检查学生的理解程度很重要。你把教科书上关于某个新概念的例题讲完之后，在黑板上再写几个例子，可能有些学生还是无法独立完成作业。观察你完成例题还不够，利用听觉重复说明还不够，学生需要在你的指导下亲自做几个例题，直到明白新的概念。

十、犯错是可以接受的

我们经常告诉学生犯错没关系，因为每个人都会犯错，但是我们常常转过身来又因学生的成绩不佳惩罚他们，因为我们觉得他们没有做到完美。棒球运动员如果能击中朝他扔的30%的球就算是顶级水平了，但我们却期待孩子们在面对不熟悉的材料、学习新技能的时候达到70%的准确率。我们怎么会这么不讲理？

当然，我们都有测验、考试或者其他手段来评估学生学习的效果。但是如果我们想让学生对学习感兴趣，我们就必须允许他们犯错，而且不要让他们尴尬，不要惩罚学生。比如，平时课堂上布置的任务，不要学生一写完你就马上评分。相反地，应该是让学生先拿着试卷，然后等你把每道题都讲完，讨论完正确答案、可能的答案和常见的错误，再让学生解释一下自己是如何得出答案的，不管是对还是错，都让学生重新再做一遍，最后再交上来。这样他们的理解能力会得到提高，而且如果你马上纠正任何错误的理解，学生会记得更牢，这要比他们等上一两天（或者六天）看到最后结果强得多。同时，错误的信息会渗透到他们的大脑，慢慢地进入长期记忆里。

庆祝犯错，即使是你犯的错。如果你犯了个错误，让学生为你鼓掌，以此来说明虽然你受过教育，而且毫无疑问是个聪明的老师，但你也是普通人。不要担心学生知道你不是完人之后不再尊重你，相反，他们会因为你承认错误，帮助他们从自己的错误中学习而更加尊重你。

在课堂讨论的时候，如果有学生给的答案或者想法不对，不要简单地说“不对”或者再提问其他同学，试着说：“这个想法很有意思，你是如何得出这个结论的？”或者说：“我从来没想过，你能解释一下你的想法吗？”这样做不但会教会学生错误是可以接受的，还可以在错误信息于学生头脑里根深蒂固之前确认这些错在哪里。比如说，如果学生认为2/3是假分数，那他可能是不明白假分数的基本原理。如果你问他是如何得此结论的，你就有可能调整他的思维，带他回到正确的轨道上来。

十一、利用私人日记作为工具

如果你布置学生写日记，但是大家不太爱写，这其中是有原因的。根据我自己的学生对写日记发表的评论，我可以给出几个可能的原由：你根本不读学生写的日记；你总是根据拼写和语法打分，这样会限制表达；你给的时间不够，所以他们觉得太着急，无法思考；你给的时间太多，所以学生一拖再拖，缺乏重视；或者你的提示不太有启发性。

如果你期待写日记能产生什么效果，启发性的提示很关键。有些提示，像“给亚布里罕·林肯写封信”或者“写自己的讣告”成年人听起来会很感兴趣，爱学习的学生或许会喜欢，但是那些不喜欢上学或者害怕死亡的学生会不喜欢。如果你想让学生给别人写封信，选择一个他们之前就想与之交谈的人。大部分的儿童不喜欢和死去的总统或者历史人物交谈，但是他们会和父母、亲戚、老师、校长及朋友谈天。如果你用写信作为一种提示，一定要向学生保证你不会把信发出去，等你记录好写作任务的成绩后就可以把这些信毁掉。

写信或写日记对于因为情感压力分心或太激动以至在学校不能集中注意力的学生来说是一个很好的反省方式。你可以用这种方法教学生明白，把自己的感觉写下来，特别是愤怒的时候，会有化解积压的能量、帮助他们冷静的作用。

如果你想不出好的提示，那就到网上去搜索关于日记写作的建议。有很多好的网站，老师们在上面分享自己的提示，各个年龄段的都有。以下是我最受学生欢迎的一些提示：

- 男生的生活比女生容易——你对此有何看法？
- 人类创造的最伟大发明是什么？
- 讲一讲你犯过的一个大错，以及从中学到了什么。
- 给你的父母写封信，告诉他们他们做得多么好或者多么糟糕。
- 给你过去的一位最好或者最差的老师写封信。
- 描述一下你最好的老师或者最差的老师，他的外貌、声音和气味如何？
- 描述一下世界上你最喜欢的地方，解释一下你为什么会喜欢那里。
- 你生活中最重要的三件事是什么？为什么？
- 如果你可以改变自己生活的一个方面，你会改变哪个方面，为什么？

十二、引导学生形成自己的价值观和道德观

儿童拥有天生的正义感，但是他们很容易把自己看作是宇宙的中心，这就会引起许多问题，因为他们没有意识到自己的行为对他人产生的影响。通过教授学生一些社会学和心理学知识，你可以帮助他们看到大局，意识到自己每天都在一个大的社会中扮演很小但很重要的角色。我们做老师的目标不是将自己的价值观和道德观强加于学生身上，而是鼓励学生去探索、形成、表达自己的价值观和道德观。

我第一次在一个班上进行道德练习是由于来自同龄人的负面压力导致了学生的许多行为问题。我想让学生明白每个人都有自己的道德规范，即使他没有意识到。我认为如果他们能清楚说出自己

示例8.5　道德练习：金钱

1. 如果一个收银员或者服务生多找给你很多零钱，你会不会把钱留下来?

a. 会，我绝对会把钱留着。

b. 不会，我永远不会要这样的钱。

c. 也许我会留着，这要视情况而定。

2. 如果你的答案是a或者b，请说明原因。

3. 如果你第一个问题选的是c，什么会影响你的决定?（钱多少，别人是否知道，或者其他原因？）

4. 如果你第3题的答案是根据钱多少决定，那究竟多少钱是分水岭?需要有多少钱你才会觉得有必要留下来?

的价值观和道德观，就不会轻易向负面压力屈服。第一次试验的时候，我使用了一个比较没有人情味但普遍存在的话题——金钱。我让学生在日记里为示例8.5中的问题选择最好的答案。

学生写完答案后，我进行了一个快速调查，将他们的答案记在黑板上：会，不会，也许。然后我们花10分钟讨论这个话题。接下来将学生分成3~5人一组，再讨论10分钟。小组讨论完毕，学生回到自己的座位上，写下自己关于讨论的看法。如果有人的想法改变了，我让那些改变想法的人写下原因。最后我们又进行了一次投票，看看是否有人改变自己的观点。更多的学生加入了“不会”的行列，也就是会还钱。学生们喜欢看自己的道德曲线哪里出现了偏折，许多学生都对那些一开始就选择“不会”的同学表示敬佩。那些学生坚定不移，在道德上坚守自己的立场。

你可以根据课程调整道德练习。比如说在社会学课上，进行完是否要保留不属于你的钱的练习后，老师可以布置研究项目，研究在10年、20年、30年前的犯罪率是多少，然后让学生把这个趋势绘制成图；数学课上可以让学生计算出把钱留下或还回去的人的比例，以及讨论后改变投票的学生的比例；计算机课上可以让学生制作出图示或表格来展示投票结果；美术课上可以让学生画画或者画海报，表达他们对金钱和贪婪的看法；英语写作课上可以让学生写自己关于道德的整体认识或者对偷盗的具体看法。

讨论思考题

① 如果学生不愿讲，我们如何发现学生怎样看待自己？

② “寻找表扬的机会”有哪些方法？

③ 尝试自己设计猜词游戏。

④ 做大脑优势测试。你的偏好可能怎样影响你教学的方式？

⑤ 与同事一起做道德练习。就如何在课堂上设计和安排这样的活动分享见解。

Chapter 9

Teachers Talk: Q & A

第 9 章

对一线老师课堂问题的解答

每次我做基调发言或者组织学习班的时候，总会有老师把我叫到一边，讨论他们在课堂上遇到的某些具体问题。他们不想和自己学校里的老师或者领导讨论，因为他们不想使自己的工作受到威胁或者背叛学生的信任。

他们的问题有的是通过电子邮件发来的，有的是通过写信，还有的是打电话。每一个问答中我都加入了城市名和州名（或者国家名），让老师们明白自己的担忧是普遍存在的，但是为了保护教师的隐私，我略去了姓名全名。

一、问题学生

问：我在一所中学工作八年了，现在是八年级的英语老师。人们总是告诉我不要再管一个叫乔伊的学生了，说我是无法拯救所有人的。我知道，但是我没有办法放弃乔伊。他两年前来到我的班级，又瘦又高，头发硬邦邦的，笑起来很随和。他在课堂上表现非常好，女孩子们都很喜欢他，但他从不乱来。他经常会缺课，因为他父母上班时他得在家里看孩子。乔伊初中毕业，我完全相信他会继续接受教育，至少达到普通教育水平。

我已经两年没看到这孩子了，一直到上周，在新生家长接待日的时候他慢悠悠地晃进了我的教室。我拥抱了他，询问他上学的情况。他不好意思地低下了头，告诉我他失败了，因为他偷了一辆车，还持枪。我怀疑他加入了什么帮派。我告诉他，他有才华，做什么事都可以做成，他看着和自己一起来的女孩说："我告诉过你有人认为我有才华。"

后来我给他高中的新校长写了封信，让他加入一个特殊的项目，然后给他的指导老师写了一封信，但最后我发现他又进监狱了。我不知道该怎么办了，我绝对拒绝放弃这个孩子，他有才华——我是说真的有才华。请给我一些建议（不要说你很抱歉，但是我们无法拯救所有人）。

——L. F.，夏洛特市，北卡罗莱纳州

答：我永远都不会告诉你我们无法拯救所有孩子，因为我相信我们可以拯救他们，只要他们还活着。我见过很多像这个男孩一样的学生，他们一次又一次伤过我的心。但进监狱并不是世界末日，他会一直暗自思量你对他的看法。很明显，你们之间是有感情的，他只是需要弄明白自己对自己的看法。这是我的理论：孩子们在脑海里都有一个电影剧本，内容就是他们演绎的生活。然后他们遇到了我们，我们看到的是另一个不同的剧本。我们一直想努力改变他的剧本，告诉这个孩子他有才华，可以选择自己的生活。但是他们不明白，因为他们总是觉得很无望，真的相信自己头脑中的剧本就是自己的命运。所以我们不能通过改写来改变剧本，但我们可以通过告诉孩子们我们对他们的看法来帮助他们改变对自己的看法——我们认为他们聪明、有才华、有能力等等。这样做不会改变他们的剧本，但是随着与我们接触越来越多，他们的态度会慢慢改变。即使那些学生距离目标很远，那些新的想法也会不断将旧的想法排挤掉，直到他们觉得自己其实可以改变一下头脑中的剧本。这个过程可能得持续好几年。我有很多学生都认为自己最后得进监狱（大部分人的确如此），但是我鼓励他们用在监狱里的时间学习思考。许多人后来达到了普通教育水平，找到了不错的工作。

我希望这些话对你有帮助。永远不要放弃，即使你看不到花朵，如果你给一个孩子播种希望的种子，它一定会破土发芽的。

二、学生的评价

问：我在印第安纳州的一个城市教高中，教英语和演讲。我全心全意喜欢当老师，觉得经过无数次寻觅探求，以及多次不成功的工作经历，我终于找到了自己喜欢的事业。但是最近因为我的学生写的一些评价而倍感压力。有一名学习有时很努力、性格独立的男生，在评估表上说我应该辞职换份工作……我需要倾听同学们的话……如果给我打分，会因为做得不到位而得U……

这样的评语让我很不安，主要是因为我觉得这种事我不该介意，否则我就不用当老师了。这件事迫使我重新审视自己的教学技能。您能给一个第一年当老师就经历了这样感受和压力的人提供一些建议吗？

——A. J.，纽艾伯尼市，印第安纳州

答：也许告诉你我和许多成功的老师也都曾遭遇同样的困境能让你心里舒服点。在大多数情况下，你的教学方法并不是真正的问题所在。如果75%的学生都抱怨你教学方法有问题，那我会真的做一些改动。如果有几个孩子说了些什么，我会考虑一下他们的评论，确定他们只是在抱怨还是我真的做了一些导致他们不满的事。但是如果你只遇到一个学生批评你的教学，那这个学生可能只是在说他自己的需求。

我的建议是：让他放学后来找你，告诉他你想找时间认真听他的评论。如果他不来，那你就明白他只是想惹你生气。如果他来了，不要一开始就让他评价你的教学水平，要确保你处于有利地位。告诉他你很感激他的评价，你愿意听他说的任何话。如果他说没什么可说的，那就谢谢他，告诉他以后你会很愿意安排个会面，听他讲他关心的任何事，但他对你教学方面的批评不合适，不可以在课上说。

如果你的学生的确有什么可说的，那就听他说说他所关心的事，谢谢他分享自己的看法。告诉他你会认真考虑他的评价的。告诉他如果你将来给他提出一些如何做个学生的建设性建议，你希望他也能同样尊重你的评价。然后在结束会面之前，问这个年轻人一些出乎他意料的问题，一些有趣的问题，让他感到很惊讶，不知不觉和你聊起来。

还有一种可能，也许批评你的这个学生真的很喜欢你，希望能从你那里得到一些关注，但是他不知道如何用积极的方式去达到目的。想一想让他在班级扮演一个什么样的角色会让他觉得自己很重要。你可以安排他帮你到员工信箱取信，可以考虑让他给某个教学秘书送信或者如果你计划放映一部电影，让他安好放映机，准备视频，按照你的意思准备好开始，又或者问问他是否介意偶尔帮你点个名。

请记住你之所以如此在意一个人说的话是因为你是一个细心的人，这比什么都重要，能证明你是一个好老师。任何人都可以被教育，但并不是所有人都能当老师。今年把宽容作为生日礼物送给自己：允许你自己是个普通人，并不是完美无缺的。

三、课堂管理

问：我上课一大半的时间都在解决学生之间的辩论和争吵，忙着让他们把注意力转移到学习上来。我厌倦了每天都去解决同样的问题。我该怎么办？

——S. E.，波士顿，马萨诸塞州

答：首先我会向你的学生们宣布如果谁想留在教室里上课就必须遵守规定，尊重教室里的每个人——包括他们自己。告诉学生他们要为自己的行为负责，但是你要负责整个课堂的纪律。

正因为存在骂人、侮辱和无比猖獗的不尊重现象，所以我给自己的课堂定了这样一个规定：尊重教室里的每个人，不允许因为种族背景、肤色、母语、性别、性别取向、宗教、身材或体型胖瘦而侮辱他人。（你可以在第5章中读到更多关于我管理纪律的方法。）

有些人总是想把别人弄得很渺小，让自己感觉良好；有些人害怕自己显得愚蠢，所以总想给聪明的学生找麻烦；有些人很无聊，他们制造问题只是想让生活更有趣；有些人无法在课堂上完成功课，但是不想被别人嘲笑，于是尝试转移老师或者同学的注意力。

帮助学生了解自己，了解彼此还不够，你还需要帮助他们学会如何承受同龄人施加的压力和言语攻击。教他们该怎么说，用角色扮演的方式帮助学生练习。我教他们用力量宣言，之所以用这个称谓是因为这个名字本身听起来就很吸引人。确保你的力量宣言在用词方面符合学生的年龄水平。我最喜欢的一些宣言包括：

- 你可以想说什么就说什么，但是对于我来说并不重要。
- 我知道你想惹我发火，但我可以控制自己的思想。
- 你不是我的老板，我不想和任何人打架。
- 你有自己的看法，我有我的看法，我们只是道不同不相为谋。
- 做卑鄙的事你也强壮不了。
- 我们都是人，我想我们应该好好相处。
- 你可以随便怎么想，但我自己可以独立思考。

当然，你必须有一个行之有效的纪律原则。但是根据我的经验，如果教室里出现了严重的问题，花些时间讨论问题的根源和可能的解决办法是值得的，而不是简单地治标不治本。

问：您曾经在课堂上遭遇过很多困难重重，甚至是很危险的情况。您是如何应对恐惧，下定决心处理状况的？

——K. C.，保茨费尔德，宾夕法尼亚州

答：在了解我的学生之前，我不会让自己与某个人单独待在一个房间，不管是男性还是女性。但是我不怕我的学生——除非他们吸毒酗酒十分严重，那样他们就可能很危险，我不会和那些掩盖本质的学生交往。

至于帮派，我不是他们的敌人，也不会对他们有先入为主的成见，所以我不会无端恐惧他们。我跟班上的学生解释，我可能不同意他们的选择、他们的政治观点、他们的行为，但我不觉得

自己高人一等，或者认为我的价值观更好。别人做出的选择都是有理由的。如果我的班上真的有帮派的人，我会首先说清楚，课堂是我的地盘，即使他们不尊重我个人，我也希望他们尊重这一点。在整个学年里，只要我有机会和他们私下谈话，我就会鼓励他们重新考虑自己做出的选择。

许多加入帮派的学生后来都会有其他想法，但是不会退出，因为他们不可能轻易就退出。我见过帮派对那些试图退出的学生进行的身心残害。如果我的学生有希望改变生活方式的想法，我会把他带到有资源、经过训练的人那里帮助他。

我要确定学生知道我为什么要教学：因为我想帮助他们成为成功的人，而不是因为我喜欢发号施令。我每天都告诉他们我爱他们，我在努力帮助他们获得知识和技能。我要确定每一个人都知道要通过考试具体需要什么条件。我会提供大量反馈和如何提高不及格分数的建议，而且让他们为自己的行为和选择负责。我的学生知道他们有许多机会可以成功，只要选择充分利用每一次机会。

的确有好几次学生曾用武力威胁过我——但从来没用过武器。在那些情况下我用幽默化解了险情。比如说有一次，一个个头很高的男孩对我说："你知道我可以揍你。"

我说："是的，你比我年轻，比我强壮。但我又老又凶，而且我打架从不按规矩来，所以我可能会踢你的屁股，即使我是个老女人，但是如果你真的想揍一个老女人，我也没有办法，除了找机会亲你的额头我别无他法了。"

那个男生皱了皱眉头，我对他的威胁做出的反应让他惊讶不己。我吸引了他的注意力。

这时候我说："听着，在你揍我之前要想清楚了，我可能是唯一一个真正喜欢你的人。你去照照镜子，看看你穿的衣服，看看你的行为举止，但你知道我还是很爱你。"他不禁做了个鬼脸，我笑了，打破了紧张的气氛。

他说："我刚才只是在开玩笑。"

我说："是的，我也是在开玩笑。你不想被一个老女人踢屁股吧？"

这种方法并不一定适合任何人，但我用着很有效。老师必须时刻准备好应对挑战，这样发生矛盾的时候才不会措手不及。自卫课最主要的一个内容就是避免让自己置身于危险之中，而且要提前想好措施，以防出现意外。

这里我花一点时间讨论一下尊重。我听到过有些老师坚持说即使他们尊重自己的学生，但学生还是讨厌自己，拒绝配合。我的看法是：你觉得自己的价值观、选择、生活方式和判断力比学生优越吗？你能理解一个孩子为什么会选择加入帮派或者进行犯罪活动吗？如果你带着纠正学生或者帮助他们看到自己犯的错误的态度去靠近学生，他们就会感觉出你居高临下，他们会拒绝你，因为谁都不想让任何人说自己低人一等、愚蠢或者做错了。如果你可以收起你的判断力，学会去了解你的学生，了解他们为什么会有这样那样的行为，他们也能感觉到，而且会配合。是的，偶尔你所教的班级的确有一些顽固不化的帮派头目，或者是由于同龄人给的压力太大，不管你怎么做都不肯配合的学生，我自己亲身经历过这种情况，知道很难不把学生的态度当回事。我费了很大的劲才接受我无法改变一切的现实。但根据我的经验，一次握手，一句认真的承诺，给予第二次机会，要比任何程度的威胁和惩罚都有效。

四、教学方法

问：你上课的时候是根据学生的反应来组织教学，还是根据你课程计划的设计内容？

——P. T.，莱克星顿市，北卡罗来纳州

答：如果学生上课的时候逆反心理过强，我会解释（一般都是第二次）为什么想让他们完成某项任务，希望他们学到什么。我会寻求建议，问他们是否有其他方法来学习某项内容。有时候学生真的能有更好的建议。一般明白了我布置任务的原因后，他们都会马上同意做功课。任何练习我都会解释需要哪种层次的思考技能。我还会定期发放评估问卷，让学生给每项活动评分。通过听取学生的反馈意见，我能够更有效地教学，避免师生间的对立态度（一般这种态度都会导致专制的教学风格）。

虽然老师有完成课程任务的压力，但我觉得我们必须顶住这些压力，不能教学生显然已经知道的东西，或者忽视学生在早期基本技能教育中遗留下来的明显漏洞。我们必须坚持运用我们的智力、训练和直觉。如果为了符合学生的能力和技能需要而给他们复习或超前学习，最后一学年下来他们所掌握的肯定会远远超出课程安排。

问：在教学习能力有缺陷的学生时，您如何调整自己的课程

以满足他们的需要？如果他遭到其他学生的嘲笑，您如何让这样的学生为班级同学所接受？

——B. G.，圣安格拉，得克萨斯州

答：对于能力有缺陷的学生我布置的任务和其他学生都是一样的，但我会花时间帮助他们一起完成。如果他们无法处理某些信息，或者缺少某些技能，我可能在评分时不会那么严格。我会做一系列诊断，确定自己知道学生的局限在哪儿。比如说，如果有的学生诵读困难，或者无法进行抽象思考，我的考试就会分两个版本，那些学生得到的版本不会要求他们运用自己不具备的技能。我可能会让诵读有严重困难的学生做口头报告，或者接受口头回答问题这样的考试。他们学的东西不比别的学生少，但他们表现知识的方式不一样，同时也不会因为被要求完成无法完成的任务而倍感压力或丢脸。

至于说得到其他同学的接纳，我在课堂上（或课堂之外）都不允许学生互相贬低。我上课第一天就强调这一点，而且整个一学年重复强调好多次。我让学生为自己的行为和他们互相对待的方式负责。如果有孩子嘲笑别人，不管对方是否有缺陷，我都会暂停授课，解释说如果有人贬低他人，抬高自己，我会替他感到羞耻。我举了各种侮辱性语言的例子（你真古怪；真是笨蛋；嘿，胖子等等），让学生也说出他们听到过的侮辱性的语言。我们一起讨论那些话给人什么感觉，为什么那么说。孩子们经常会惊讶地发现自己的“玩笑”竟然那么伤人。然后我建议大家都把精力放在改进自己的表现上，而不是嘲笑其他人。

我不会在公共场合批评嘲笑或戏弄他人的学生，但如果他们屡教不改，我就要和他们单独谈谈，坚持让他们考虑自己为什么想去嘲笑别人。我解释说，每次他们侮辱别人，我都会发给他一张空白的蓝色卡片，这是我们的秘密信号，我希望学生明白故意让别人尴尬是不可接受的。是的，有些很顽固的孩子会抗拒，我会让他选择要么改变自己的行为，要么换一个班，我从来没有遇到过一个选择换班的学生，因为他知道我对待学生很公平。接着还是强调选择和责任，我会抓住一切时机强调这点。

我真的认为如果我们希望学生有什么样的表现，自己首先要做好示范。除了学习，我们还必须诚实地讨论自己的感受和人与人之间的相处技巧。学生需要学会尊重，与不同能力水平的人相处，去了解体现智力的形式有很多种。

问：您在《我兄弟不做作业》中说过，您曾经亲过自己的一个学生，这是真的吗？如果是真的，为什么这么做？

——M. H.，尤肯市，俄克拉荷马州

答：我很惊讶，许多人似乎都觉得这本书中那个吻是最令人难忘的细节。是的，我的确亲过一个学生。我事先没有任何计划，结果非常意外。当时我抹的是红色的口红，亲了一个在课堂上睡觉的男孩，声音很大，速度很快。他醒来后我告诉他口红印是无法抹掉的，以后他的脸上会永远都留下我的唇印。第二天有个老师走过来，假装注意到了那个印记，这让学生们觉得很有意思。这个吻没有任何感情色彩，我的学生都知道，包括那个爱睡觉的男孩。不在场的人才误会了当时的情况。顺便说一句，我再也不需要亲任何人。那天之后如果再有人上课睡觉，许多人都会悄悄地说：“亲他，约翰逊小姐！”结果很多人一块儿说动静就很大，每次都把睡觉的人吵醒了。

我一直都认为我的责任就是确保课堂生动有趣，没有任何人睡觉。偶尔我会发现上课睡觉的学生晚上要打工，或者因为社会活动熬夜了，于是我想出了一个非常成功的防睡策略：我在教室走来走去，手里拿着一小瓶白色的涂改液。遇到一个上课睡觉的学生，我就把他的一个指甲涂上涂改液，然后继续走。过一会儿我走过去再涂另一个指甲，以此类推。下课铃响之前，我在黑板上写上“一个白色指甲午饭晚吃五分钟”。刚刚上课睡觉的人没法争辩，因为证据就在自己的手上。他们怨声载道，但是没有争辩就接受了后果，几乎没有人上课睡觉超过一次。

问：什么时候你可以认定不是学生学习有问题，而是你的教学有问题？

——P. T.，莱克星顿，马萨诸塞州

答：如果我的学生中有25%的人考试时有一道题没有答上来，某项任务做得不好，或者是在课堂讨论的时候不知所措，那我就知道自己需要反省我的授课方式了。我努力提醒自己在任何班级里，视觉学习者都要比动觉学习者和听觉学习者多，所以我需要使用不同的方式来教新的材料。我经常会让听懂的学生帮助我想办法去帮助那些还没懂的学生，因为我们都在学习交流信息的新方式。

我努力避免交流障碍的第一个方法就是亲身示范每一项任务。如果有可能，我给学生布置的每项任务我都会尽量和他们一起完成。他们喜欢看我怎么解决问题，这是一种教授解决问题技能的好办法。如果我把任务作为家庭作业，就可以事先了解是否太难或太简单，太短或太长。

问：你曾描述过那种所谓的中等生，我想知道如何能识别出班上的这种学生，而不会“在夹缝中”失去他们，因为他们不属于两个极端的任何一种。您能否建议我这个未来的老师该如何做才能不失去他们?

——D. P.，夏洛特市，北卡罗来纳州

答：我复印了几份点名册放在家里，可以在出练习题和考试题的时候用到学生的名字，确保每个人的名字都至少用一次。孩子们看到自己的名字印在纸上都会很开心，即使只是词汇测验。我记录学生的生日，在那个特殊的日子会给他们一支只会得A的“魔法”铅笔。周末或者放暑假过生日的学生会在周五下午或者最后一天上课时得到铅笔。

为了防止学生因为空间问题而被忽视，我把座位摆成U字形，确保每个孩子和我之间不超过三个人的距离。我总是在教室里走来走去，经常和每个学生聊天。如果谁表现好，就拍拍他的肩膀，握握他的手。我鼓励学生不断努力，在布置任务的时候会征求他们的意见。

我用日记的方式给那些害羞或者文静的学生额外的关注。如果发现书店或者图书馆出售他们可能喜欢的书，我会买下来送给他们。

我让文静的学生帮助我收卷子、发卷子等。如果他们不想，我也不会给他们施加压力。我让他们帮我送信或者去办公室取东西。我会分配其中一个人专门负责上课开门。

这些建议可能对你有用，或者启发你想出关注那些中等生的策略。只要记住他们可能会被忽略，这本身就会让你不太可能忘记他们。如果你有上学时拍的照片，为什么不贴在办公桌旁边？它可以提醒你自己孩提时候的感受是什么。当学生注意到你的照片时（他们一定会注意到的），你就有机会和他们交谈，谈一谈美好的过去。

五、与家长的沟通

问：我不是老师，但是看完第15遍《危险游戏》后，决定给你写信，因为我发现你对学校如何教孩子有很鲜明的看法。我不太确定自己该怎么做，因为我有3个孩子，分别是14岁、10岁和3岁。最大的孩子上高中一年级，学校似乎每天都在考试，老师和学生之间已经没有那种互动了。现在他们只有电脑扫描答题卡，他们甚至没有书——只有数学卷子。我的女儿觉得在好几门课上都无法提高分数。我觉得部分原因是由于老师花在教学上的时间太少了，老师好像不是教学的，只是个旁观者。

我很想帮助我的女儿。希望你知道我到哪里能获得一些指导性的材料，帮她学习数学和英语。我想让她学会一些以后能用到的东西。您提供的任何信息我都会感激不尽。

——H. M.，特鲁斯康西昆西斯，新墨西哥州

答：我同意你的看法，现在考试已经失控了，我们需要回到以教学为重点的方法上来。首先我建议你给学校校长打电话，要

求见面，把你在信中说的话告诉他，问问他能否帮助你。不要担心冒犯校长。一个负责任的管理者会欢迎你提建议，而且会处理你关心的事。如果他做出任何承诺，比如说为你女儿的数学课重新调整一下课程安排，那就注意跟进，看看是否有任何改进。

另外，可以到公共图书馆或互联网上寻找相应的信息和资料。

祝你好运，拥抱你的孩子们。他们很幸运有你这样一个关心他们的妈妈。

问：我有时候听到老师抱怨学生家长管得太多，但是我却都没法得到家长的电话号码。我让学生带纸条回家，要求他们父母留下联系方式，但是只有几个家长愿意给。有些学生说他们的父母笑过之后就把纸条扔掉了。我怎么能说服这些家长多关心一下自己孩子的教育呢？

——S. B.，新伦敦市，康涅狄格州

答：你不是唯一遇到这种情况的人。许多老师都遭遇过对孩子漠不关心的家长，这让他们很伤心，因为他们看出孩子是多么渴望家长关心自己在学校是否成功。经过好几周，好几个月的跟踪采访，我总结出家长对老师要求提供信息的请求视而不见的几个常见理由：

1. 他们担心你会因为什么事指责他们。他们可能已经了解到了自己喝酒、吸烟、吸毒或者其他行为导致了孩子学习能力有缺陷。

2. 他们自己上学的时候就不太愉快，同学、老师或者管理者欺负、侮辱或者虐待过他们，他们仍然痛恨学校。

3. 他们因为自己缺少教育而觉得可耻，担心你会因为语法或拼写使用不当而对他们品头论足。

4. 英语并非他们的母语，他们不够自信和一个老师交谈。

5. 他们贫穷、精疲力竭、意志消沉，或者遭受着虐待。

6. 他们真的很自私、很冷漠，不配为人父为人母。

你应该可以从教学指导办公室那些得到家长的电话号码，因为孩子入学的时候家长都会留下联系方式，或者向出勤管理办公室要电话号码。如果有孩子缺勤，他们需要通知家长。有些家长提供的电话号码最后证明是假的，这种情况下，我就让学生给我留个年龄稍长、愿意和我谈谈的人的名字和电话号码。然后我会写张纸条，邀请那个人打电话或者来学校找我。有些家庭谁都不会联系我，遇到这种情况我就找教练、辅导员或者其他人来指引这个孩子。有时候校车司机会和许多孩子培养出亲近的感情。有一个校车司机曾经告诉过我，她经常要求看学生的成绩通知书，有些孩子说她是唯一一个愿意看的人。你也可以考虑在学生所在地区的社区中心、图书馆或者教堂举行家长会，许多家长觉得在自己的地盘上会更舒服一些。等到他们意识到你没有责备的意思，而是为了帮助他们的孩子，许多人都会改变自己的态度，与你合作。不要放弃，你这样努力去联系家长，就会向学生传达一个重要讯息，对于你的责任心他们都看在眼里，记在心里。

六、心理咨询

问：如何让学生意识到教育的重要性？

——P. W.，哥伦比亚，俄亥俄州

答：我明白我无法强迫学生做任何事，但是我也明白自己的热情可能是学生无法抗拒的磁铁。如果我真的相信有些事是很重要的，我的学生至少会认真听我说。在学生充分了解我、相信我和他们是同一战线，希望他们取得成功之前（根据他们自己对成功的定义），我是不会和他们讨论教育的价值的。

虽然我不相信金钱是成功的主要衡量手段，但我认为学生必须明白不同的生活方式需要不同数量的金钱。我在黑板上写下了一个假设的预算，让大家了解如果想拥有舒适但不奢侈的生活要花多少钱。然后介绍了一个拥有高中学历的“普通人”和一个没有学历的人，以及一个大专学历、一个本科学历和一个研究生学历的人分别能赚多少钱。

因为他们的同龄人或者亲戚建议许多不太热衷学习的学生退学，参加普通教育学历考试，所以我会把那些包含了历届普通教育学历考试的书放在桌子上。那些书又厚又重，学生们会发现那些考试也不容易，普通教育学历课程和高中课程一样多，甚至更多。学生看到自己长大以后必须知道这么多东西，无一例外地都很惊讶，大部分人改变了退学的想法。

我不会说服学生相信他们学到的一切将来都用得上，因为事实也是如此。我解释了布鲁姆的认知领域分类（见第4章），用来描述不同层次的思考，以及为什么每一个层次都很重要，都必须掌握。接着我们分析了不同课程上用到的诸如综合与评估的方法。我不断提醒学生我想帮助他们在生活和学习上都取得成功。我告诉他们：“你们受到的教育越多，思考的能力就越强，向你们敞开大门的世界就越广阔，你们做出的决定就越正确，你生活中的选择也就越多。即使你们不喜欢自己的工作，如果有良好的教育背景，你们也可以回到学校上学或者接受其他训练，同时用其他的方式养活自己。没有受过高等教育的人，他们大部分工作就是为了每天的生计，日子一年年过去，他们的选择也会越来越少。”

问：我记得你写过一篇叫作《小苏珊·尤特瑞丝》的文章，但是我不记得在哪里读过了。您能提供给我一个参考吗？

——D. G.，厄尔巴索，得克萨斯州

答：《小苏珊·尤特瑞丝》这个故事最早发表在《两分教科书，一分爱》一书中，目前已经停印了。我这本新书里的许多内容都选自那本书。但是我早忘了这个故事，谢谢你提醒我！这个故事是受一个学生的启发写的，她曾在日记里问了几个关于生理的问题。虽然达西上过生理卫生课，但她还是不了解自己的身体，这个故事就是我用来回应一些有时候把自己来月经称为“诅咒”的学生的。我是这样回答达西的问题的。

月经并不是可怕卑鄙的诅咒，它是世界上最自然的事，但是我们都羞于谈论。男人觉得很尴尬，是因为他们不明白月经是怎么回事，大多数的女人也不明白。其实很简单。这是它的由来：

小苏珊·尤特瑞丝在你的身体里有个温暖舒服的小房子，就在房子外面的小路上你储存了几百个小卵子。你的身体并不是一般人想象的那样每个月制造出一个卵子，你的卵子已经在那里了。所以如果你在牙医那里接受X光放射线照射需要穿上铅服，这样你宝贵的小卵子就不会暴露在有害X光的照射下了。

每经过28天（你的周期可能不一样），你的一个小卵子——我们称之为卵子小姐——就会来看苏珊·尤特瑞丝。卵子小姐很孤独，她想制造出一个孩子，那是她一生唯一的目标。但是她的时间不多，她只有几个小时、一天或者最多两天的时间找到一个白马王子，并制造出一个孩子。苏珊是她的好朋友，她很激动，卵子小姐可能会制造出一个孩子，于是重新装修了自己的家：贴上了新的壁纸之类的。然后苏珊和卵子小姐就坐在那里等着。白马王子并不是世界上最守时最有礼貌的家伙。他是一个精子。他很小，摇摆着尾巴，一个劲地挤，而且很着急。如果他准时出现，卵子小姐能够抓住他、拥抱他，他们就可以制造出一个孩子。

一般情况下白马王子不会出现。卵子小姐很生气，一阵风似地离开。苏珊忙碌了半天也很失望。她把壁纸都撕下来，扔了出去。那就是你的子宫壁上为了制造孩子而生长出的组织，那些组织就是你的月经——旧的壁纸而已，没什么大不了的。

我们说到了小卵子这个话题，我想指出它们是你未来的孩子。小心呵护，认真爱护。不要吃太多含有化学物质或人工甜味剂的食物，不要喝酒、吸烟或者吸食娱乐性的毒品。你吃什么，喝什么那些小卵子就吃什么喝什么。你吸烟它们跟着吸烟，你吸毒它们就跟着吸毒。如果你喝啤酒，就是在给那些小卵子喝啤酒。你的卵子仍然处于发育期间，你的身体越好，你的卵子也就越强壮。好好照顾它们，确保你将来的孩子最大可能地拥有强壮和健康。

故事就是这样的。我把它写在了达西的日记里，她告诉了很多好朋友。许多人都表示很担心自己因为喝酒、吸烟和吸毒而伤害了自己的卵子。我告诉她们身体具有神奇的自我修复功能，如果他们好好照顾自己，有健康卵子的机会每一天都会增加。这个方法是我使用过的让孩子们远离毒品最有效的方式。

七、情绪管理

问：每次我在员工餐厅吃午饭，听到有些老师苦苦抱怨自己的工作和学生我都感到很难过。我最后也会注定要变成和他们一样吗？

——S. T.，莱克星顿市，北卡罗来纳州

答：绝对不会！不幸的是似乎午餐室和员工休息室成了讨厌自己工作的老师们最喜欢聚会的场所。或者是他们已经变得如此迷惘，以至于已经忘记了最初为什么会选择当老师了。我给新老师的建议是一定要小心加入这种午餐或休息的人群。第一周去一两次，快去快回。如果他们的谈话主要围绕的都是牢骚和埋怨，找一个礼貌的借口，找其他的地方休息或者吃午餐。你可能会在教室或者校园里发现一个和你类似的人与你一起野餐。有些老师习惯待在教室里吃工作午餐，如果那些糟糕的老师邀请你一起抱怨，文件工作是一个很好的借口。如果你和学生之间可以相处好，你会发现有一些迷路的灵魂为了避免受到同龄人戏弄、折磨或者忽视，会悄悄走进你的教室。根据你的性格以及你与学生之间的关系，你可以请他们帮助你做日常的工作，或者花时间对他们的兴趣和性格有更多了解。

Chapter 10

Yo! Miss J

第 10 章

对学生提出问题的解答

曾有几百个学生给我写信，什么年龄的都有，询问我关于父母、兄弟姐妹、学校和朋友的建议。这一章里为了保护作者的隐私，我把所有的姓名都替换了，但是这些信的内容都是真实的。我希望老师可以用这些信作为展开讨论的引子，讨论一些学生们都很关心的话题，比如恃强凌弱的现象。它们可能还适用于鼓励大家写日记或写文章。最重要的是我希望读到这些信的学生明白自己不是孤单的，每个人都有自己的问题，有时候知道其他人也面临着同样的问题也能有所帮助。我把这些信分成了6个部分：成长的烦恼、伙伴关系、与家长的关系、学校的问题、恃强凌弱事件，还有我写给学生的信。

一、成长的烦恼

问：我不知道怎么确定自己想干什么，每个人都在不停地问我。我觉得自己会是个失败者，因为我就是不知道。

——凯撒，15岁

答：你知道有些人35、40、50甚至更老都不知道自己这一生想干什么吗？他们一直都在寻找自己热爱的事，一旦想到了什么，天刚一亮就会从床上跳起来。

一个能帮助你想出自己想干什么的最好方法就是拿出一张纸，在上面列出自己的一些信息：你最喜欢干什么？你最讨厌干什么？你喜欢和别人在一起，还是大多数情况下更喜欢独处？你喜欢从事需要重视细节的工作吗？比如说绘制一架飞机模型。还是会被细节逼疯？你喜欢在一栋楼里工作还是喜欢不管日晒雨淋都在外面？你喜欢用手工作还是用脑工作或者手脑并用？

另一个评估你才能的好办法就是问问你信任的人，在他们看来该如何描述你的才能。在我的老师建议之前我从来没有想过当作家。她知道我喜欢读书、写故事。得到她的建议后，我开始写一些东西，而且我真的很喜欢。如今我成了作家，多亏了霍达克夫人，我的五年级老师。也许你的老师、亲戚和朋友会从你身上看到你没有注意到的东西——比如说艺术才能、音乐才华或者你一直没有重视的特殊品质。

一旦你看清了自己，就可以开始寻找不同的事业了。你会惊讶地发现世界上有那么多事可以做。如今许多人用电脑开始创业。我最近认识了一位女士，她靠帮助人照看狗生活得很好。有人出去度假她就去别人家里帮忙喂狗或者喂猫，每个人每天会支付她25到50美元，所以她可以通过满足更多客户的要求，想赚多少钱就赚多少钱。我还认识一个人专门去别人家帮助伐倒已经枯死的树，帮助人们清理庭院。这份工作可能很危险，但他的工资也很高。

想一想生活中让你开心的事，然后看看你能否想出一种方式，通过做自己喜欢做的事来维持生活。如果你真的想做一些合情合理的事，那就去做吧。我知道我无法从楼顶跳下去飞起来，但是如果你想做一些力所能及的事，那就去追逐你的梦想吧。

问：去年我奶奶去世了，但是我至今仍然没法接受。我每天都感到很难过，我非常想念她，甚至想得掉眼泪。我怎样才能停止悲伤呢？

——克里斯，10岁

答：对于你奶奶的去世我感到很遗憾。我知道那种感觉，因为我奶奶和外婆都去世了，后来我母亲也去世了。那种感觉太令人伤心了，我很想念她们。但是随着时间的流逝，我不像最开始那样经常哭了，我试着回忆她们做过的事、说过的话。我看着她们的照片，告诉自己虽然她们的身体已经不存在了，但她们的爱仍然在我心里，而且会一直都在我心里。

问问你的老师能否帮你找一些关于消除悲伤的书籍。朱迪·布鲁姆曾经写过一些书，告诉孩子面对周围人的死亡时要如何调整自己的情绪，我想也许其中有一本正好适合你。另一个办法可能也有帮助，那就是看看能否把感情都写在日记里。把关于你奶奶的一切事都写下来，如果有照片可以粘上一张照片，如果没有，看看别人能否给你一张。或者是把照片放进相框摆到房间里，你每天都可以打招呼。我把我妈妈的照片放在了桌子上，我会给她飞吻。

尽管去哭、去悲伤，这是很自然的事。有一天你会发现你很想自己的奶奶，但是不会觉得那么痛苦了，然后你就会慢慢痊愈了。这可能需要很长时间。没有人能告诉你该有什么样的感觉，但是如果你6个月后还是感到很悲伤，告诉你的家长或者学校的辅导老师。也许他们能帮你找个人听你聊一聊心事，帮助你应对自己的悲伤。

同时我也会一直惦记你的。

问：我的妹妹快把我逼疯了。她到处跟着我，总是烦我。我做什么她都模仿。她把我逼得气极了，我就用手捶打墙壁，结果我被关在家里不许出门，都怪她。

——帕特里克，12岁

答：我知道你的感受。我弟弟也曾经把我逼疯过，弄得我大喊大叫。捶打墙壁是很好的发泄压力的方法，但是你可能会伤到自己或伤到墙（或者让你父母生气）。所以为什么不试试这么做？在一张纸上把你想对你妹妹说的话和做的事都写下来，想说什么就说什么，然后把纸撕成一块块的小碎片扔掉。你会把自己的愤怒一起扔掉。记住：你18岁的时候就不用和自己不喜欢的人一起住了，在那之前想办法缓解你的压力，跑步、骑车、锻炼或者从图书馆借瑜伽的录像带回来试一试（瑜伽非常有助于保持冷静），这些都是不错的选择。

你妹妹那么做可能只是想惹你生气，因为她喜欢控制你的情绪。如果你能控制自己，对她视而不见，她可能就会停下来，因为她那么做是为了吸引别人的注意。你可以说：“不管你表现多么讨厌，我仍然爱你，亲爱的。”然后微笑，给她一个飞吻。如果她刚才想惹你生气，你这么做也许会让她所有的坏主意烟消云散！

问：我哥哥对我不好。我怎么能让他对我好一点?

——奥斯丁，10岁

答：很多孩子和兄弟姐妹之间的关系都有问题，我姐姐就曾经对我很不好。你真的没有办法让别人对你好一点，你唯一能控制的人只有你自己。你不能让你哥哥做或者停止做任何事，但是你可以改变自己的行为和态度。如果你的哥哥取笑你，你不必生气，你可以假装没有注意到他。这是很难做到的，但是如果你练习你就能做到。如果他对你说了难听的话，你不要也用难听的话反击，或者又哭又闹，你可以说："你那么说话太难听了。"其他的话什么都别说。不用拿告状来威胁他，不要冲他喊或者打他。

兄弟姐妹打架的原因有很多。有时候他们都很生气，或者他们觉得没有人喜欢自己，或者是因为考试没考好，或者是受到了欺负，于是他们想去指责别人，让自己觉得好受些。有时候他们想让你帮忙做家务。如果是这样，你可以假装自己喜欢做，说："我不介意干活。"当然你不能把家里所有的家务都做了，但是一两项家务并不算多。如果有人让你做家务是为了惹你生气，你这么做他们就没法从中寻开心了。

让别人不再欺负你的最好办法就是不要答理他们。假装你没听到他们说话或者看到他们，假装你不在乎他们说什么、做什么，假装你有更有趣的事做：读书、散步、和小狗玩或者帮助你父母做家务。不要理这个人，最后他们就会停下来。这个过程可能需要很长时间，但是如果你不去理他们，他们最终就不会再去招惹你了。祝你好运！

另外，如果有人打你，而且很疼，那就不一样了。你必须找个成人，解释一下情况。不要大喊："比利打我了！"好好解释发生了什么事，让成人给你一些建议帮助你，以免那个人再打你。如果你找的成人帮不了你，再找别人。不断寻找，直到有人帮忙。

二、同伴关系

问：为什么孩子会说那么难听的话？他们都嘲笑我，让我感觉糟透了。

——莱恩，8岁

答：有时候孩子说难听的话，或者嘲笑他人，是因为他们不懂事。他们没有意识到自己真的会伤害别人的感情。不要反击或者生气，如果他们说难听的话你就假装没有听到。如果你什么都不说，他们一般会走开，不再惹你。

如果有人真的是故意欺负你，不断地指责你，那你就得告诉家长或者老师、校长了。但不要总是打小报告，不要别人就说了一句难听的话你就去告状。如果有人一直欺负你，即使你不加理会也不肯罢休，那就要告诉大人。

继续做一个善良友好的你，不要让别人改变你，和善良的孩子在一起。如果爱欺负人的孩子嘲弄你，告诉自己，那些爱欺负人的孩子并不重要，他们都是飞在空中，制造很多噪音的讨厌的小飞虫。谁需要他们呢？以后他们再说难听的话，你可以冲他们微笑，假装他们是虫子。他们不知道你在想什么。这是你的秘密，祝你好运！

问：我最好的朋友越来越古怪了。她现在沉迷于哈里·波特的一个朋友——他根本就不是真实存在的人，只是一本书中的人物。她张口闭口都离不开他，就好像他真实存在一样。我怎么能阻止她这样古怪的行为？

——利厄，11岁

答：女孩（或者男孩，男人或女人）被某个人迷住是很正常的，比如歌手、电影明星，甚至是哈里·波特的好朋友。这种迷恋不会持续一辈子，但是现在对于她来说很有趣。你好好想一想，如果你选择沉迷于一个永远见不到的人，那你以后就不会失望，因为你不需要亲眼见到他的缺点，所以许多人喜欢电影明星和名人。我们不会看到他们穿又破又旧的内裤，闻到他们早晨起来的口臭，我们只会看到他们光彩照人、激动人心的一面。

不要尝试让她忘记他，为什么不问问她为何那么喜欢他？让她谈谈他身上她想要的一切。然后有一天等你爱上或者迷上什么人什么事，你也可以把她的耳朵磨掉，这就是朋友的用处！

问：我的朋友们快把我逼疯了，他们总是说彼此的坏话。我喜欢我所有的朋友，我不想放弃其中任何一个朋友。

——罗莎，11岁

答：你比你的朋友更成熟，他们不明白友谊是可以和许多人分享的。跟你的朋友解释一下，友谊不像一袋饼干，不会因为分享用尽它，我们会得到更多的友谊。

当你的一个朋友抱怨另一个人的时候，你可以尝试这么说：“我知道你不喜欢某某人，但是我喜欢。我觉得他很风趣（聪明或者善良）。我喜欢你是因为你……（填进一些好听的词）。我和其他人交朋友并不意味着我不喜欢你。我非常喜欢你。”

如果他们还是不明白，尝试这么说：“你觉得圣诞老人给其他孩子礼物就是不喜欢你了吗？不对，他喜欢所有人。我并非喜欢所有人，但我喜欢许多人。我很友好，我在乎许多人。请你试着理解我的话。”

如果因为你无法成为某人唯一的好朋友，这个人就决定不和你交朋友了，你也要试着理解朋友的缺乏安全感，对他说：“你这么感觉我很抱歉，但我仍然喜欢你。如果你以后还想和我做朋友，告诉我。同时我祝你好运。”然后继续自己的生活，不要在背后议论你以前的朋友。让他们看到你真的很成熟，也许会改变自己的观点。

问：我怎么能在新的学校里交朋友？我不知道该说些什么，这里的人似乎不太友好。

——凯丽，10岁

答：即使你长大了交朋友也是很难的。我处于一个新环境的时候也会遇到问题。我不知道跟不认识的人该说些什么，但是我会努力想一些可以说的话题。我会问别人关于他们的事来开始交谈。我问他们是否有宠物，是否喜欢运动、看电影或者听音乐。如果我看到有人一个人站着或者坐着，我会走过去问：“你是想一个人安静一会儿，还是希望和别人聊一聊？”如果是在观看体育比赛，我观看一会儿后会问坐在旁边的人：“你支持哪支队？”

你可以问问老师谁可能愿意和你交朋友，班上也许有其他孩子也没有朋友，你的老师可能了解。如果老师不知道，你就睁大眼睛，看看休息或吃午饭的时候谁是一个人。跟那个人说一些友善的话，主动把自己带的饼干分给他一块。只要你表现得友好而善良，人们就会喜欢你。

如果你想和谁交朋友，但是他们不想和你交朋友，不要感觉糟糕。也许他们已经有太多朋友了。说句“好吧”就可以了，然后继续一个人。

不要花太多时间担心朋友问题。发现一些爱好，比如说读读关于火车和汽车的书，或者了解宇航员或赛车手做的事，学会制作一辆汽车模型，或者玩拼图游戏。去图书馆找一些有趣的书，让自己忙碌起来，最后你会发现与自己志同道合的人。祝你好运！

另外，你可以把我算作你的一个好朋友。我知道咱们的距离很远，但我有些好朋友和我距离也很远。

三、与父母的关系

问：我父母离婚了，我和妈妈一起生活。我不喜欢周末的时候去看爸爸，因为他总是跟我说谎。每次我抓到他说谎，他都说自己再也不说谎了，但他下一次还是说谎。我真的是很厌倦。我不想见他和他说话，但他说我必须这么做，因为他有共同监护权。我怎么样才能改变现状，不用再去见他了呢？

——金姆，15岁

答：夫妻离婚的时候，法庭会考虑很多因素再做出监护权的判决。法庭必须遵守州和联邦法律，他们希望公平对待每一个人。因为他是你父亲，有合法权利看你。而且他一定也在乎你，否则就不必见你了。所以记住他是在乎你的，即使他无法表达出来，或者不能一直做个你喜欢的人。

父母都是人，他们也会犯严重的错误，而且不会永远都做出正确的行为。但是因为他们是成人，所以不管我们愿意不愿意，他们都是老板。我曾经很讨厌我父亲对我指手画脚，但是除了逃避我没有别的办法。而逃避并不是好办法，因为那样做只会引起更多的问题，而且没有办法解决现有的问题。

所以你需要坐下来，考虑你对你父亲真正的看法。你生他的气，是因为他娶了别人，有了其他的孩子吗？那样会让我感觉很难过，虽然离婚以后再婚没有任何错。或者你生他的气只是因为他和你妈妈离婚？还是因为想知道他为什么不说实话？他说谎是为了让你更喜欢他吗？他说谎是为了让生活暂时好过一些吗？他说谎的时候自己有没有意识到？你知道有些小孩打破了窗户，站在旁边，却说不是自己做的，因为担心惹麻烦。其实有时候成人也这么做。他们为了能不惹麻烦，什么都说得出来，但以后这些谎言会来折磨他们。所以这就是为什么总有人告诉你不要说谎，因为那样会让生活更艰难。

如果你真的不想再见到你爸爸，你也可以做一些事。你可以找学校的老师或辅导员、教堂的牧师、你妈妈、外公外婆或者舅舅——你相信会真的听你说话的人谈一谈，寻求他们的建议。也许没有人能回答你，但是有时候和一个用心倾听而且真的在乎你的人谈一谈也是有帮助的。你可以给你父亲写封信，解释一下你为什么暂时不想去见他，问问他你能否在未来几周或者几个月的时间里不去看他了。这么做可能会让他很难过，所以想一想该怎么表达。记住有时候人们感觉受伤的时候，会因为愤怒说一些话，做一些事，但是以后会后悔。

祝你好运，而且一定要记得：你18岁的时候就可以住在你喜欢的地方，和你喜欢的人在一起了。坚持住！我会一直惦念你的。

问：我和我爸爸、继母一起住。她真的很凶。我不知道为什么，她会因为我没做的事把我关在家里不许我出门，而且她总觉得我在撒谎。我爸爸在的时候情况稍好些，但我爸爸是军人，经常不在家。你知道我用什么办法能阻止我继母对我那么凶吗？

——雪莉，12岁

答：根据我的经验我可以告诉你，做一个继母非常难。我曾经嫁给了一个离异的男人，他和前妻生了4个孩子。我很喜欢那些孩子，但是他们用了很长时间才开始信任我，因为我的做法一直都让他们出乎意料。你的继母不是从你小的时候就认识你的，所以需要一边和你相处一边了解你。这是我的建议。

如果你的继母做了一些让你觉得很凶的事，回到你的房间或者出去走走。想一想刚才发生的事，你说的话，她说的话。然后诚实地问自己，如果我是她我会怎么做？我会像她那么做吗？如果你仍然觉得她很凶，那就给她写张纸条，告诉她你的感受，不要侮辱她或者辱骂她，只是说出你的感受。每句话用“我觉得……”开头，这是一种心理医生教的技巧，这样可以在不伤害对方的情况下交流。

你的继母可能像你一样思念你的父亲。你们谈过这点吗？也许有助于帮助你们建立一些感情。如果你第一次努力失败了，不要放弃。我想如果你给你继母时间了解你，她会看到你是一个好孩子的。祝你好运！

问：我妈妈总是给学校打电话。我怎样做才能制止她？

——贾斯汀，9岁

答：我不知道你妈妈为什么给学校打电话，但她一定很在乎你，否则不会打电话的。如果你觉得她打电话是因为不信任你，那你一定要诚实。你有没有跟她说过谎？她有没有理由不信任你？如果你和你妈妈关系很好，但她仍然给学校打电话，也许她只是担心你，也许她想尽力去帮助你。当父母不容易。

你能够采取的最好的办法就是冷静地和你妈妈谈，问她为什么给学校打电话。如果她的理由情有可原，那就不要争吵。和她讨论后，如果你觉得她打电话过于频繁，告诉她别总打电话，告诉她总打电话给你带来的困扰。

你不能告诉你妈妈该怎么做，但你可以让她看到你已经长大了，要与她成熟冷静地交谈。也许如果你让她看到你很有责任感，她会把你当作大孩子来对待。但也许不管你说什么她都会继续给学校打电话，如果这样你必须努力不给她任何打电话的理由。做作业，不要迟到，不要逃课，不要与老师争吵，友好对待其他的孩子，不要打架或者骂人，诚实为人，如果学习有困难或者不太明白某项任务就告诉你的老师和你的妈妈。

四、学校的问题

问：我如何能在学校成绩更好？我总是最后一个完成任务，

我的成绩不是很好。

——艾米莉，9岁

答：我不知道你的情况，所以现在不太确定什么能帮助你在学校提高成绩。

人和人都是不同的，就像树一样。有些树长得很快，有些长得很慢，但是一棵长得慢的树日后可以比长得快的树更高大更茂盛。不要担心学习同样的东西你需要的时间比别人多。如果老师讲得太快，问问她有没有时间和你谈谈，解释自己到底哪里不懂。不要说"这个我不明白"，因为这么说等于什么都没解释。你需要更多时间做作业，还是别人告诉你的任务说明你没听懂？如果老师把说明写下来你是否会更容易记住？也许如果有人先帮助你几次，然后你再独立去做，这样学习的速度就会快。尝试一些不同的方法也许会对你有帮助。

记住你是能够学习的。看看你已经学了多少东西：你能阅读、写作、做数学题，你可能还会做三明治，我猜你还会自己系鞋带。而且你用打字的方式给我写了这封信，我知道你会打字。你有很多才能啊。祝你好运！

问：我读了你的书，我觉得这些美国学生并不在乎上学。世界上有许多人都很喜欢上学。我从俄罗斯搬到了美国，那里许多穷人家的孩子都特别愿意上学。我在学校很努力，为了能让家人骄傲。那些孩子是怎么回事？不想学习简直就是疯了。

——安加丽卡，14岁

答：你说得对，许多美国学生都不在乎上学。他们把自己的学习机会、阅读和写作的机会当作是理所当然的。他们不知道生活在不是每个人都能上学的国家是什么样，所以他们不知道自己浪费的是一个宝贵的礼物。也许他们长大了就明白了，也许如果他们读了你的信，也会引发思考。

我很高兴你在学校很努力，你想让你的家人骄傲。这点很重要。你很成熟，我知道你一定会取得成功的。祝你好运！

五、欺凌事件

问：我们班有两个大个子男生，他们谁都打。他们会把我们的卷子撕坏，偷我们的午饭和钱。如果我们告诉老师，他们打我们就更厉害了。现在他们想让我的朋友和他们一起混。我不想和他们在一起，但是我不想失去我的朋友。

——奥斯丁，11岁

答：每个班级都有恃强凌弱的人，他们总是觉得自己很酷，但其实并非如此，所以他们总是欺负人。他们知道自己不酷，他们知道自己不够强悍。如果他们真的强悍，就不用强迫别人害怕自己了，就会知道自己很酷，然后忙自己的事去了。

明白这个道理对于你来说很重要，这叫心理学。有时候连他们自己都不知道自己为什么会有这样那样的行为，这是他们自己说的。他们可能会说不在乎别人怎么想，但并不是这样的。如果他们真的不在乎别人怎么想，就不会到处惹是生非，想去控制他人，让每个人都注意到自己了。

如果你的朋友想和恃强凌弱者在一起，那你就去交新的朋友吧，世界上有很多和善的人。你无法强迫别人做任何事，你能做的就是动用自己的大脑。如果别的孩子有闲言碎语，你不要听。我知道做到这点很难，但是如果你能对他们做到视而不见，恃强凌弱者最后就会放弃。他们要的是关注，如果你拒绝关注，他们就必须到别处去寻找了。

但如果有人真的总是欺负你，打你或者偷你的东西，你就需要告诉家长或者学校的老师和辅导员。给你的校长写封信，告诉他教室里发生的事情。当有人出现暴力行为或者以武力威胁时，你没有保持沉默的理由。

记住这一点：恃强凌弱者只有几个，其他的孩子占大多数。如果有人做坏事，其他人要联合起来阻止他，这并不意味着你是告密者或者爱打小报告。爱打小报告的人会因为很小的事告状，比如嚼口香糖、说话或者偷看其他人的卷子。那些都不是重要的事，所以你说的时候成人并不认真听。

但是如果有人很残忍，吓唬其他的孩子，对他们很凶，那这样的事必须要报告，你算不上是爱打小报告的人。相反，你这么做说明你是一个聪明而且有责任感的人，是一个令我敬重的人。

六、我写给学生的信

现在，女士们先生们，请看！这是我写给世界上每个学生的一封信（是的，包括那些恃强凌弱者）：

亲爱的独一无二、可爱的人：

我想让你知道，我在尽力给你们最好的建议。对于生活中的问题，我并不是都能回答上来，但是我真的很在乎你们，所以也请你在乎自己。用你的大脑和才能向别人展示你是多么聪明，多么友好。我真的认为你怎么对待别人，别人就会怎么对待你。

珍惜你的朋友。如果你没有任何朋友，那就做自己最好的朋友，直到你交到好朋友。交朋友的最好方式就是看到别人需要帮助就去帮忙，看到谁一个人待着，就微笑着打个招呼。多想一想其他人，而不是你自己。

我希望你在学校里一切顺利，我希望你好好想一想我说过的话。我希望你们拥有远大的理想，散发自己的光芒。你有才能，即使你还不知道是什么。也许你是班上最擅长拼写的人，或者是跑得最快的。但是每个人都有特别的才能。不断寻找，直到你在自己身上找到它。

我10岁的时候，有一位老师告诉我如果我想，将来我可以当一个作家，所以我长大后决定写书。许多人都笑话我，说我永远做不到。有些朋友取笑我，于是我去找那些不取笑我的朋友。我找到了像我的老师一样鼓励我追逐梦想的人。有时候即使没有任何人相信我，我也会相信自己。现在我成了一个作家，我出版了好几本书。

你的梦想也能成为现实。不管你有什么样的梦想，都是珍贵而重要的。如果别人不相信你的梦想，那不是你的问题，你仍然可以相信自己。

还有一件事你要考虑。看一看你的父母和其他成年人，问问他们长大上班以后是否还和上学时的朋友见面。大多数人会说不和那些人见面了，或者他们还和一两个人联系。你从学校毕业之后，可能不会再见到班上的同学。你可以从全世界寻找朋友，而不是一个小小的班级。如果有人行为不雅，你不需要和他们在一起。坚持住，离开学校后还会有生活，而且会是很有趣的生活。

同时还要保重自己。我会一直惦念你的，我神奇的小狗宝格特也会惦念你。它让我告诉你“汪汪”。它说如果看到任何恃强凌弱的家伙，就会咬他们的屁股。

约翰逊小姐

Chapter 11

Twenty Years from Now

第 11 章

致 20 年后的你

20年（或者40年）后，你可能不记得自己的学生了，但是他们还会记得你。他们可能不记得你教的课，可能忘记了你的面容，但是他们会清楚记得你带给他们的感觉。他们会记得你的批评和表扬，句句都不会忘。我曾经表扬一个银行职员字写得很漂亮。她脸红了。我以为她误解了，于是又说了一遍。

这个职员低下头，看着她的手说："我二年级的老师说我的字写得太难看，就用教鞭打我手上的关节。我喜欢我的老师，我希望她喜欢我，所以我每天坐在厨房的餐桌上一遍又一遍练习，坚持了好几个月。"

"那她一定很高兴看到你的字现在写得多漂亮。"我说道。

"我永远无法达到她的标准，"这个职员说道，"但是我不断练习，即使后来离开了她的班。我上四年级的时候回去找她，让她看我的字写得多好。"

"当然，她表扬了你这么努力。"我说道。

这个职员叹了口气，整理柜台上的存单。

"她不记得我了，"过了好一会儿她才勉强笑了笑，"但那是很久以前的事了，对不对？"

上百个人曾经写信跟我提到了他们的老师。和其他的记忆不同，时间似乎无法淡化人们对于老师的记忆。虽然年龄大了，人们会用不同的视角回顾他们儿时的经历，但却不一定能磨灭记忆——或喜或悲，下面是我从读者来信中节选的。

有件事在我脑海里挥之不去。我的八年级老师曾经让我们写下对某个问题的看法。我不记得是什么问题了，也不记得我怎么回答的，但是我记得这个老师用的几乎是讥笑的语气，在第一页的上方打了一个红色的F，还写了评语"这个答案不对"。我对这个分数表示质疑，重申她当初是想问我的看法，她还是笑一笑说觉得我是错的……我现在42岁了，近3年我才明白了我的意见是宝贵的，我是有价值的。

——丹尼尔，圣奥尔班斯，西弗吉尼亚州

我记得我的一年级老师，一个这么多年后我还能想起她模样的女人。她教我学会了阅读，这个习惯从那时起，50多年来一直点亮我生活。我记得攻读我第一个本科学位的时候，我上过一门古英语课，有一个要求很高的老师。他真的非常麻烦，同时也非常明智。他要求一切做到完美，他的要求是多么大的礼物。后来我们一直都是朋友。许多老师就像是明星一样点亮了我的天空。

——阿瑟，谢菲尔德，康涅狄格州

我10岁左右父母离婚了，妈妈文化程度只有八年级。我们很努力工作才得以勉强维持生活，我仍然清楚地记得那时我的裙子是用装饲料的袋子做的，非常硬。是因为有了教练和老师满满的爱、同情及与你一样的敬业精神，在他们的鼓励和帮助之下，我才得以继续接受教育。我因为体育有特长而获得一所大学的奖学金，在大学三年级上到一半的时候，加入了美国空军，做了一名空军列兵。接着我参加了飞行训练项目，毕业的时候获得了飞行员资格，而且当天就接到了任务。我做战斗机飞行员做了20年，在五角大楼工作了4年，获得了上校的军衔，我通过自学项目获得了本科学历，在夜校获得了硕士学历。我还完成了军事大学国家安全管理计划。我现在是一个航空公司的副总裁和总经理。我告诉你这些不是为了炫耀，而是想让你知道成功的生活和事业常常始于老师的温暖和爱。

——巴德，斯普林代尔，阿肯色州

学校是我的敌人，我在那里经常受欺负，备受折磨。我经常打架，开始和帮派同流合污。我现在24岁（而且是个女孩子）。头两次打架我是自卫，但是我现在还会因为打架而惹麻烦。有一天我终于受不了了，把学校一个恃强凌弱的人狠狠地揍了一顿。学校里其他的孩子比学校的老师更关注我。我名声大噪。我第三次打架之后，副校长想出手相救，但是学校委员会认定我“危及其他儿童”。如果当时能有一个在乎我的老师，我就能上高中了，而不必到了17岁才拿到普通教育学业证书。

我周围大部分的帮派成员都和我一样孤独，感到没有希望，无路可走，没有人给他们机会，没有人把他们当作人来看待。大部分和我一样坏的孩子一直没有改邪归正，因而没有足够勇气告诉这个体制，我们是落后而智力迟钝的！大部分人都堕落到了毒品的世界，进了监狱，甚至更糟。接着他们有了自己的孩子，也和老师没有任何感情。

——丹娜，普莱斯顿，加利福尼亚州

现在该说好消息了。我每接到一封关于坏老师的信，都会接到一百封关于好老师的信，这让我更加坚信好老师的数量远远多于坏老师。几年前我去了纽约，有幸见到了比尔·帕克赫斯特，一名广播电台的记者和作家。聊着聊着我们就谈到了老师，比尔告诉了我一件最了不起的事。他为了写一部犯罪小说而进行研究，花了一年的时间与一个私家侦探紧密合作，这样他能在写书的时候更加准确现实地描写那个侦探。

“我想你如果知道人们雇用私家侦探最常见的目的是什么，一定会感兴趣，而且很惊讶。”比尔告诉我，“不像许多人想的那样是婚姻跟踪调查。我采访过150多位侦探，每次我走进一家侦探事务所，我听到的第一句话就是有人求助要找以前的一位老师。人们想找到他们的老师，谢谢他们。”

比尔说得很对。了解到这么多人不嫌麻烦去找自己的老师，我很感兴趣，也很惊讶。我很高兴，因为我知道这个国家许多老师都在尽职尽责，教育启发孩子，虽然媒体对我们的学校有那么多负面报道。

当然，我无法告诉你你给学生留下了怎样的回忆，但也许从我收到的众多邮件中摘抄的三封邮件可以让你发现自己的影子。第一封邮件的作者曾把老师的关心当作理所当然：

亲爱的卢安女士，

我真的不知从何说起。昨晚我读了《读者文摘》，看到了你的故事“坐在教室后面的女孩们”。我通常阅读时超不过一个段落，但这次我用整个午休时间来阅读和思考这个故事。我知道你我素昧平生。你也可以判断出，我的英语并不是太好。我甚至憎恶写作。但我觉得有必要写给你。别问我为什么。也许是因为你令我痛哭流涕。我过去从不哭，只有当家人去世时才会掉眼泪。

我读完那个故事后来到外面。那天晚上又黑又冷。我在一个装卸码头上班，工作时间是晚9点至早7点。我躲在没人看得见我的地方，哭了。我哭得很厉害。高中时我曾有过一位像你一样的老师，她倾尽全力帮助我。她说“你可以做到”每周一定说过上百遍。她让我如此自信以至于我认为我无所不能。

我想写信给你的主要原因是我真的不知道我的老师怎样看我。读你的故事让我自省——哦，这个词有点生僻。我知道你俩是性格完全不同的人，但我敢打赌她像你一样对自己的学生怀有深厚的感情。当我读你的这篇文章，我很多次看见了自己的影子。我很自私，只在意自己的感情。现在我知道了她真的关心我，我希望能再一次有机会跟她说谢谢。

看，你又让我流泪了。但我真的想紧紧拥抱她，告诉她谢谢她为我做的每件事。她在我人生打基础的阶段扮演了十分重要的角色。

——里克，艾伯林，德克萨斯州

第二封邮件是一位年轻女子从德国寄来的，她正在那里的医学院求学。她在信中描述了她在高中时作为交换生来到美国遇到的一位老师。

亲爱的卢安：

当我作为交换生来到美国，我被安排到英语非母语班。那天我决定不去喜欢这位老师。这个老师执意让我参加ESL课程，和我想要脱离这个课程一样顽固。最终我还是放弃了，没有意识到它可能拯救我的生活。

我确信她会因为我制造这些麻烦而讨厌我。我以为她会排斥我，但相反，她依然执着地关心我的生活和学业的进展。我曾经很长时间质疑她对我的热情，因为那时我很难想象一个人真的对我和我的生活感兴趣。我依然记得那天她提出和我聊聊的情景。她坐在桌边，当我正要离开教室她叫住了我。她说任何时候我愿意和她聊天她都愿意奉陪。这样的话我以前从未听过。就在那时我做了一个选择。我可以接受也可以拒绝。我想既然一年学习期满后无论如何我都会离开美国，我也没有什么可损失的，因此我决定冒险试一试，就这样我慢慢打开了心扉。

在一个充满尊重、理解和关爱的气氛中，我得以久违地吐露心声。到这一年的末尾，这个我曾经决定不去喜欢的老师成了我生命中最重要的人，至今依然。她是第一个告诉我她爱我、关心我的人。她总是对我和我的能力充满信心。尽管她远在大洋彼岸，但她帮我度过了我人生中最艰难的岁月。我从美国回到德国后不久，查出得了癌症。卵巢长了肿瘤。我做了手术，还接受了术后化疗。那简直如同地狱。让我坚持下去的是我知道世界上某个地方有个人爱我、尊重我本来的样子。每当我打算放弃，她就会出现在我的脑海中，提醒我我所拥有的内在力量。

当有个人爱你、关心你，你将勇往无敌。

——莉斯尔，杜塞尔多夫市，德国

最后这封信的作者是一位印度小伙，他曾两次写信给我，提到他两位出色的老师——一位大学教授和一位高中老师。这是他写的第一封信，那时他还在读高中。

亲爱的卢安女士，

我是一个16岁的男孩，我叫贾斯科拉特（Jaskirat），但你可以叫我阿努，我家人就是这么叫我的。我读到您文章的当天，就很想联系您。原因有很多。主要原因是您和我以前的一个老师很像，我很崇拜她，但她在完成对我们数月的教学工作后去了加拿大。我很震惊，但却无能为力。我失去了她，也许永远失去了，但她给我们留下的美好回忆将永驻我心间。当我阅读您的文章时，我看到了她的影子。我开始想，和她一样的人究竟有何魔力让人在短暂接触中对他们留下持久深刻的印象。十年级的考试结果公布那天，我站在那里，眼里噙满了泪水。我多么希望她能看到，我，一个中等生，在她的科目（科学通论）上以91分（100分满分）的高分考了全班第一。

我写这封信给你是因为我想告诉她，我多么敬爱她，并表达我的感激。但这不大可能做到，所以我想把这些话告诉您，因为您和我这位和善、甜美、可爱的老师很像。我希望能成为您的朋友，也许是因为我的情感需要出口，而这样的情感我不想向很多人吐露。我希望您可以把我当成您的朋友。我承诺不会过多烦扰您的。

敬爱您，您忠实的朋友

——阿努，新城区，印度

几年之后，我再次收到了阿努的来信。他在信中又提到了他的另一位老师，一位保护他、帮他适应艰难的大一生活的大学教授。“感谢那位教授和其他关心我的老师，我以优异的成绩毕业了，”阿努写道，“我想你可能会想知道这些。”

某天你现在的学生会想要感激你对他们的帮助，尽管你从不知情。这样的学生并非那些得分优异的学生，因为他们中的绝大多数已经对你表达了感谢。真正希望表达迟到的感谢的往往是学困生，那些有时让你想放弃教学的学生。讽刺的是，那些学困生恰恰是最需要你的爱的学生。对于一些学生来说，你可能是唯一会爱他们的成年人。

我想代表那些与您失去联系或不好意思承认拖了这么久才对您表达感谢的学生，感谢您从事教师这份工作。谢谢您。谢谢您。谢谢您。

——阿努，新城区，印度

讨论思考题

① 描述你求学生涯中遇到过的最好和最差的老师。他们如何影响你教学的方式？

② 你希望二三十年后你的学生会怎样回忆你？

致谢
Acknowledgments

如果没有以下这些老师教导我要相信自己，要尊重自己的真实想法的话，这本书是不可能写成的。他们分别是：玛丽·艾伦·伯伊林、伊夫林·霍达克、埃莉诺·桑德布雷德、凯罗琳·德萨尔沃、杰瑞·诺瓦利、詹姆斯·米勒、玛丽·安·格雷根、简·艾伦和肯尼斯·布洛铎。

向我的“一众学生”大声呼喊——那些让我难以忘怀、可爱又“难教育的”卡尔蒙特学院的学生们，是他们让我知道了如何教学。

特别要感谢所有在自己的课堂上测试了本书中所提到的技巧并就结果给予我反馈的老师们，感谢凯西·查普尔，她为我提供了小学教学的视角，感谢莱斯利·尤拉和凯特·加尼翁，对我工作和写作的坚定支持。

“常青藤”书系—中青文教师用书总目录

书名	书号	定价
特别推荐——从优秀到卓越系列		
★ 从优秀教师到卓越教师：极具影响力的日常教学策略（入选浙江省教师节用书）	9787515312378	33.80
★ 从优秀教学到卓越教学：让学生专注学习的最实用教学指南	9787515324227	32.00
★ 从优秀学校到卓越学校：他们的校长在哪些方面做得更好	9787515325637	33.80
★ 卓越课堂管理（中国教育新闻网2015年度“影响教师的100本书”）	9787515331362	68.00
名师新经典/教育名著		
如何当好一名学校中层：快速提升中层能力、成就优秀学校的31个高效策略	9787515346519	29.00
像冠军一样教学：引领学生走向卓越的62个教学诀窍	9787515343488	49.00
★ 如何成为高效能教师（美国最畅销教师用书，销量超过350万册，最专业、最权威、最系统的教师培训第一书）	9787515301747	89.00
★ 给教师的101条建议（第三版）(《中国教育报》“最佳图书”奖）	9787515342665	33.00
★ 改善学生课堂表现的50个方法：小技巧获得大改变（入选《中国教育报》2010年和2011年“影响教师的100本书”）	9787500693536	23.80
改善学生课堂表现的50个方法操作指南：小技巧获得大改变	9787515334783	29.00
★ 优秀教师一定要知道的17件事（美国当前最有影响教育畅销书作者全新力作）	9787515342726	23.00
美国中小学世界历史读本 / 世界地理读本 / 艺术史读本	9787515317397等	106.00
美国语文读本1-6	9787515314624等	252.70
和优秀教师一起读苏霍姆林斯基	9787500698401	27.00
★ 怎么做孩子会爱上学习（入选“21世纪中国教师必读的百种好书”,《中国教育报》“2010年影响教师的100本书”）	9787500685968	22.00
快速破解60个日常教学难题	9787515339320	33.00
★ 美国最好的中学是怎样的——让孩子成为学习高手的乐园	9787515344713	28.00
教师成长/专业素养		
你的第一年：新教师如何生存和发展	9787515351599	33.80
教师精力管理：让教师高效教学，学生自主学习	9787515349169	28.00
如何使学生成为优秀的思考者和学习者：哈佛大学教育学院课堂思考解决方案	9787515348155	39.80
反思性教学：一个已被证明能让所有教师做到最好的培训项目（30周年纪念版）	9787515347837	49.00
★ 凭什么让学生服你：极具影响力的日常教育策略（中国教育新闻网2017年度“影响教师的100本书”）	9787515347554	28.00
运用积极心理学提高学生成绩：品格教育校本计划（中国教育新闻网2017年度“影响教师的100本书”）	9787515345680	39.80
★ 可见的学习与思维教学：让教学对学生可见，让学习对教师可见（中国教育报2017年度“教师最喜爱的100本书”）	9787515345000	29.80
教学是一段旅程：成长为卓越教师你一定要知道的事	9787515344478	39.00
安奈特·布鲁肖写给教师的101首诗	9787515340982	35.00

	书名	书号	定价
	万人迷老师养成宝典学习指南	9787515340784	28.00
	中小学教师职业道德培训手册：师德的定义、养成与评估	9787515340777	32.00
	成为顶尖教师的10项修炼（中国教育新闻网2015年度“影响教师的100本书”）	9787515334066	35.00
★	T. E. T. 教师效能训练：一个已被证明能让所有年龄学生做到最好的培训项目（30周年纪念版）（中国教育新闻网2015年度“影响教师的100本书”）	9787515332284	39.00
	教学需要打破常规：全世界最受欢迎的创意教学法（中国教育新闻网2015年度“影响教师的100本书”）	9787515331591	33.00
	高效能教师如何带领学生取得优异成绩（中国教育新闻网2015年度“影响教师的100本书”）	9787515328980	39.00
	10天卓越教师自我培训（教育家安奈特·布鲁肖顶尖卓越教师培训教材）	9787515329925	29.00
	给幼儿教师的100个创意：幼儿园班级设计与管理 / 为幼升小做准备	9787515330310等	58.00
	给小学教师的100个创意：发展思维能力	9787515327402	29.00
	给中学教师的100个创意： 如何激发学生的天赋和特长 / 杰出的教学 / 快速改善学生课堂表现	9787515330723等	87.90
	以学生为中心的翻转教学11法	9787515328386	29.00
	如何使教师保持职业激情	9787515305868	29.00
★	如何培训高效能教师：来自全美权威教师培训项目的建议	9787515324685	32.00
	良好教学效果的12试金石：每天都需要专注的事情清单	9787515326283	29.90
★	让每个学生主动参与学习的37个技巧	9787515320526	28.00
	给教师的40堂培训课：教师学习与发展的最佳实操手册	9787515352787	39.90
	提高学生学习效率的9种教学方法	9787515310954	27.80
★	优秀教师的课堂艺术：唤醒快乐积极的教学技能手册	9787515342719	26.00
★	万人迷老师养成宝典（第2版）（入选《中国教育报》“2010年影响教师的100本书”）	9787515342702	29.00
	高效能教师的9个习惯	9787500699316	23.00
★	好老师可以避免的20个课堂错误（入选《中国教育报》“2010年影响教师的100本书”）	9787500688785	21.50
	爱·上课：麻辣教师调教“天下第一班”的教育奇迹（李希贵、窦桂梅推荐）	9787500693383	29.00
	课堂教学/课堂管理		
	智能课堂设计清单	9787515352985	49.90
	提升学生小组合作学习的56个策略	9787515352954	29.90
	快速处理学生行为问题的52个方法：让学生变得自律、专注、爱学习	9787515352428	39.00
	王牌教学法：罗恩·克拉克学校的创意课堂	9787515352145	39.80
	让学生快速融入课堂的88个趣味游戏	9787515351889	39.00
★	如何调动与激励学生：唤醒每个内在学习者（李希贵校长推荐全校教师研读）	9787515350448	39.80
	与孩子好好说话（获“美国国家育儿出版物（NAPPA）金奖”，沟通圣经）	9787515350370	39.80
	基于课程标准的STEM教学设计：有趣有料有效的STEM跨学科培养教学方案	9787515349879	68.00

书名	书号	定价
如何设计教学细节：好课堂是设计出来的	9787515349152	39.00
15秒课堂管理法：让上课变得有料、有趣、有秩序	9787515348490	33.80
混合式教学：技术工具辅助教学实操手册	9787515347073	39.80
从备课开始的50个创意教学法	9787515346618	29.00
中学生实现成绩突破的40个引导方法	9787515345192	33.00
给小学教师的100个简单的科学实验创意	9787515342481	39.00
老师如何提问，学生才会思考	9787515341217	33.80
教师如何提高学生小组合作学习效率	9787515340340	29.00
卓越教师的200条教学策略	9787515340401	35.00
中小学生执行力训练手册：教出高效、专注、有自信的学生	9787515335384	33.80
提高学生学习专注力的8个方法：打造深度学习课堂	9787515333557	35.00
改善学生学习态度的58个建议	9787515324067	25.00
★ 全脑教学：影响全球300万教师的教学指导书（中国教育新闻网2015年度“影响教师的100本书”）	9787515323169	38.00
★ 全脑教学与成长型思维教学：提高学生学习力的92个课堂游戏	9787515349466	39.00
★ 哈佛大学教育学院思维训练课	9787515325101	36.00
完美结束一堂课的35个好创意	9787515325163	28.00
如何更好地教学：优秀教师一定要知道的事（被英国教育界奉为圣经的教学用书）	9787515324609	36.00
带着目的教与学	9787515323978	28.00
★ 美国中小学生社会技能课程与活动（学前阶段/1-3年级/4-6年级/7-12年级）	9787515322537等	153.80
彻底走出教学误区：开启轻松智能课堂管理的45个方法	9787515322285	28.00
破解问题学生的行为密码：如何教好焦虑、逆反、孤僻、暴躁、早熟的学生	9787515322292	36.00
★ 在普通课堂教出尖子生的20个方法：分层教学	9787515321868	29.90
13个教学难题解决手册	9787515320502	28.00
★ 让学生爱上学习的165个课堂游戏	9787515319032	39.00
美国学生游戏与素质训练手册：培养孩子合作、自尊、沟通、情商的103种教育游戏	9787515325156	36.00
老师怎么说，学生才会听	9787515312057	28.00
快乐教学：如何让学生积极与你互动（入选《中国教育报》“影响教师的100本书”）	9787500696087	29.00
★ 老师怎么教，学生才会提问	9787515317410	29.00
★ 快速改善课堂纪律的75个方法	9787515313665	28.00
★ 教学可以很简单：高效能教师轻松教学7法	9787515314457	39.00
★ 好老师应对课堂挑战的25个方法（《给教师的101条建议》作者新书）	9787500699378	25.00
快速调动学生参与的99个方法（被誉为美国调动学生参与最有价值之书）	9787515317069	31.90
★ 好老师激励后进生的21个课堂技巧	9787515311838	23.80
★ 开始和结束一堂课的50个好创意	9787515312071	29.80

书名	书号	定价
好老师因材施教的12个方法（美国著名教师伊莉莎白“好老师”三部曲）	9787500694847	22.00
★ 如何打造高效能课堂（美国《学习》杂志“教师必选”奖，“激励教师组织”推荐书目）	9787500680666	29.00
合理有据的教师评价：课堂评估衡量学生进步	9787515330815	29.00
班主任工作/德育		
★ 北京四中8班的教育奇迹	9787515321608	36.00
★ 师德教育培训手册	9787515326627	29.80
设计智慧课堂：培养学生一生受用的学习习惯与思维方式	9787515352770	39.00
★ 设计和管理最优班级实用手册	9787515317731	49.00
★ 好老师征服后进生的14堂课（美国著名教师伊莉莎白“好老师”三部曲）	9787500693819	25.00
优秀班主任的50条建议：师德教育感动读本（《中国教育报》专题推荐）	9787515305752	23.00
学校管理/校长领导力		
学校管理者平衡时间和精力的21个方法	9787515349886	29.90
校长引导中层和教师思考的50个问题	9787515349176	29.00
如何定义、评估和改变学校文化	9787515340371	29.80
从优秀学校到卓越学校：他们的校长在哪些方面做得更好	9787515325637	33.80
优秀校长一定要做的18件事（入选《中国教育报》“2009年影响教师的100本书”）	9787515342733	26.00
构建杰出学校的7个杠杆	9787515324319	39.00
学科教学/教科研		
★ 人大附中中考作文取胜之道	9787515345567	39.80
★ 人大附中高考作文取胜之道	9787515320694	33.80
★ 人大附中学生这样学语文：走近经典名著	9787515328959	33.80
四界语文（中国教育报2017年度“教师最喜爱的100本书”）	9787515348483	49.00
让小学一年级孩子爱上阅读的40个方法	9787515307589	30.00
让学生爱上数学的48个游戏	9787515326207	26.00
★ 优秀小学语文教师一定要知道的7件事（窦桂梅畅销作品）	9787500674139	23.80
情商教育/心理咨询		
9节课，教你读懂孩子：妙解亲子教育、青春期教育、隔代教育难题	9787515351056	39.80
中小学心理教师的10项修炼	9787515309347	36.00
★ 别和青春期的孩子较劲（增订版）（入选《中国教育报》“2009年影响教师的100本书”）	9787515343075	28.00
★ 100条让孩子胜出的社交规则	9787515327648	28.00
幼儿园/学前教育		
幼儿园30个大主题活动精选：让工作更轻松的整合技巧	9787515339627	39.80
★ 美国幼儿教育活动大百科：3-6岁儿童学习与发展指南用书 科学 / 艺术 / 健康与语言 / 社会	9787515324265等	600.00
蒙台梭利早期教育法：3-6岁儿童发展指南（理论版）	9787515322544	29.80

	书名	书号	定价
	蒙台梭利儿童教育手册：3-6岁儿童发展指南（实践版）	9787515307664	25.00
★	自由地学习：华德福的幼儿园教育	9787515328300	29.90
	赞美你：奥巴马给女儿的信	9787515303222	19.90
	教育主张/教育视野		
	为学生赋能：当学生自己掌控学习时，会发生什么	9787515352848	33.00
	如何用设计思维创意教学：风靡全球的创造力培养方法	9787515352367	39.80
	如何发现孩子：实践蒙台梭利解放天性的趣味游戏	9787515325750	32.00
	如何学习：用更短的时间达到更佳效果和更好成绩	9787515349084	49.00
	教师和家长共同培养卓越学生的10个策略	9787515331355	27.00
★	如何阅读：一个已被证实的低投入高回报的学习方法	9787515346847	39.00
★	芬兰教育全球第一的秘密（珍藏版）（《中国教育报》等主流媒体专题推荐，台湾教育类畅销书榜第一名）	9787515342610	28.00
	世界最好的教育给父母和教师的45堂必修课（《芬兰教育全球第一的秘密》2）	9787515342696	28.00
★	杰出青少年的7个习惯（精英版）（中小学图书馆推荐书目、中国青少年必读书目）	9787515342672	39.00
★	杰出青少年的6个决定（领袖版）（中小学图书馆推荐书目、中国青少年必读书目、全国优秀出版物奖）	9787515342658	28.00
★	7个习惯教出优秀学生（第2版）（全球第一畅销书《高效能人士的七个习惯》教师版）	9787515342573	29.00
	学习的科学：如何学习得更好更快（入选2016年中国教育网暑期推荐书目）	9787515341767	39.80
	杰出青少年构建内心世界的5个坐标（中国青少年成长公开课）	9787515314952	59.00
★	跳出教育的盒子（第2版）（美国中小学教学经典畅销书）	9787515344676	35.00
	夏烈教授给高中生的19场讲座（入选《中国教育报》"2013年最受教师欢迎的100本书"）	9787515318813	29.90
★	学习之道：美国公认经典学习书	9787515342641	39.00
★	翻转学习：如何更好地实践翻转课堂与慕课教学（中国教育新闻网2015年度"影响教师的100本书"）	9787515334837	32.00
★	翻转课堂与慕课教学：一场正在到来的教育变革	9787515328232	26.00
	翻转课堂与混合式教学：互联网+时代，教育变革的最佳解决方案	9787515349022	29.80
	翻转课堂与深度学习：人工智能时代，以学生为中心的智慧教学	9787515351582	29.80
★	奇迹学校：震撼美国教育界的教学传奇（中国教育新闻网2015年度"影响教师的100本书"）	9787515327044	36.00
★	学校是一段旅程：华德福教师1-8年级教学手记	9787515327945	32.00
★	高效能人士的七个习惯（30周年纪念版）（全球头号畅销书）	9787515350585	79.00
★	学生版盖洛普优势识别器	9787515350387	169.00